時尚與死亡的對話

Dialogo della Moda e della Morte

義大利傳奇思想家——里歐帕迪的厭世奇想對話集

Giacomo Leopardi

賈柯莫・里歐帕迪——著

王凌緯——譯

目次

I.

人類的歷史

Storia del genere umano

據說，大地上首批住民是同時在各地造出的。他們受蜜蜂、山羊及鴿子餵養，一如詩人描述的幼年朱威[1]那樣。那時的大地遠比現在來得小，缺少山峰丘陵，天穹無星，地平無海；整個世界遠比今日更無變化，也較不美麗。

然而，人類總不厭倦地盯著天與地，如此總能在他們的情感中激起驚奇與讚嘆。他們將天地兩造想像得無邊無垠、莊嚴浩瀚。他們的靈魂中滿是喜悅的希望，而生命給予他們的每道感官知覺，全是難以盡表的歡愉。他們的喜悅與日增長，終於覺得自己快樂非凡。他們在這平靜的心靈狀態中，渡過了幼年與青年時期。

時屆壯年，人類的感覺開始出現一些異狀。當人類早前的希望——他們曾經堅定跟隨的那些希望——無法兌現，他們的信念便不再灌注其中。但另一方面，與對未來的期待茫茫兩隔的現下快樂，又不足以滿足他們；尤其是——若非出於天性使然，若非只是初見的魅力褪去——自然與生命中的所有小事帶來的歡愉，遠不及初始時那麼多。人類翻遍整片大地，造訪最遙遠的國度。他們曾經能輕而易舉達成此事，因為彼時地上既無大海高山，亦無任何障礙阻撓。沒幾年後，大部分人證明了大地幅員有限，沒有哪一道邊界遠到人類無法涉足。他們也發現，世上所有國家和人大抵相似，差異不過相當細微。這些發現加深了人類的不滿。一股對生命的厭倦在人類當中蔓延，甚至早於他們成年之前。隨著人類老去，這股感覺逐漸蛻變成一股對存有的恨，以至於他們最終為絕望擄獲。不論如何，人類開始猶豫是否該拋棄自己一度珍愛的光明與生命。

活物傾向死亡，只因對存有感到厭煩，就選擇摧毀自己，這似乎嚇到了眾神。祂們也發現自己饋贈的禮物竟遭人類如此蔑視，甚至毅然回絕，因而備感吃驚。諸神以為已將足夠的美善與和諧賦予這世界，讓這個地方對所有生物、尤其是對祂們以特別關愛與絕佳的純熟技術造出的人類而言，不是僅只堪足忍受、而是高度享受的居所。同時，由於人類表現出的苦惱撩動了眾神深刻的同情，祂們深恐這種憾事不久就會將

／／／

1．朱威（Jove）是宙斯的羅馬名稱，即朱彼得（Jupiter）。

人類盡數滅絕，這不僅與人類的命運背道而馳，諸神也會因此喪失自己最完美的造物，失去得自人類的崇敬。

既然此事看來勢在必行，而且能增加他們獲得快樂的可能，朱威於是決定改善人類的生活條件。人類抱怨世上事物的虛假；相較於人類初期的想像，這些事物顯得既不偉大、不美麗、不完善、又缺乏變化；反而渺小、缺陷又單調。他們打從少年時代就無法從世上感受到歡愉；邁入壯年與老年時又越發無法滿足。唯有幼年能帶給他們歡愉，人類渴求那些自己早年嘗過的甜美，哀求朱威將他們的人生打造成一段永無止盡的童年。然而神明無法滿足如此祈願；這有違自然法則、神聖的律令與意圖。祂不能將自己的無限屬性轉化給必然一死的眾生，也無法轉化給這個世界，更不用說將無限歡樂與完美賜給人類和所有事物。眼下看來，上策就是拓寬造物的極限，同時擴充這個世界的多樣與美善。為了實現此目的，朱威將陸地朝四面八方延展；祂造出奔流的海洋，隔開有人居住的土地，如此一來，事物或許會開始產生變化；祂同時切斷人類原有的聯繫道路，以防他們輕易就發現世界的狹隘。他造出海洋也是為了充作人類所渴求的無限。這片海水蓋過亞特蘭提斯和其他多到難以計數的國家；此後唯獨對這些島嶼的記憶續存了好幾個世紀。

朱威降低某些地方以形成山谷，抬升它處好造出丘陵與山脈。祂為夜晚佈滿星辰；淨化大氣；增加白晝時光線的明亮度；調濃天空與原野的顏色，並賦予它們更多變化。祂也混合了不同世代的人類，好讓一個世代的老者能與另一個世代的孩童相伴。最重要的是，朱威決定增加人類渴求的無限的相似替代品。祂不能真的滿足人類，只希望能討好人類的想像力——祂深知，想像就是人類孩提時代快樂的主要來源。他行使了許多造海那般的權宜之計。他創造出回聲，將其深藏在山谷洞穴當中，並將深沉粗啞的耳語低吟連同樹頂神祕的波浪律動賦予了森林。他也創造出華美的夢鄉，准許人類在睡眠時前去一遊。在夢鄉中，人類能體會到完美無瑕、但在現實中無法得償的快樂。夢取代了人類自己設想出來那種模糊又不可能實現的幸福；若想實現如此幸福，朱威就算心有餘，也猶然力不足。

藉此，神將一種嶄新的力量與精神注入人類心智中，讓他們重新愛上生命，並對自然之美與廣袤滿懷讚嘆。這種快樂維持得比之前的久。如此耐久程度主要歸因於社會中有各種年紀的成員，那些本因早已體驗過世界而形如槁木死灰的老者，會因為其他還洋溢熱情希望的年輕人而感到些許寬慰。

但隨著時間過去，新鮮感流於陳腐，人類又開始不滿，厭煩此生。他們如此心灰意冷，以至於據傳歷史上有一個古老民族的習俗應運而生；他們以眼淚迎接新生兒到來，而在父母去世時才為他們得到救贖歡欣慶祝。這種軟弱最終舉世皆然。要麼是因為他們認為朱威已放棄人類，要麼是怪罪這產出不幸的自然就連最高貴的心靈也都要加以貶抑。

認為人類的不幸全源於自己的不虔誠與不良善，實在是種流行的謬見。相反地，人類的心智軟弱其實不過是源於自己的不幸處境。

眾神為人類的自我傷害進行報復，並以大洪水懲罰凡人復發的墮落。在這場災難之後，人類僅有兩名生還者，杜卡利翁與皮拉。[2]這不幸的兩人內心盡是悽慘，但對失去所有同胞也不以為忤，他們在一塊石頭上大聲召喚死亡降臨。然而朱威命令他們要復興地上滅去的人口。眼見兩人不願繁衍後代，祂指引兩人從山坡上撿起石頭朝肩後丟去。新的人類便從這些石中蹦出，大地再度充滿人類。

過去的歷史讓朱威洞悉了人性，也讓祂明白，讓人類如同其他動物、只在免於憂患而安逸的環境當中生存是遠遠不夠的。祂深知，人類不論生存條件如何優渥，尋求的依然是不可能的滿足；若他們無法尋得真正的惡，就會想像出一個來折磨自己。神決心對這可悲種族的墮落採取新手段。為此，祂施展出兩個極為高端的詭計。首先，祂在人的生命中點綴實實在在的惡；其次，祂設計出上千種勞役讓人類分心，以至於人無暇觀照自我，也無暇感受到對於未知空想幸福的欲望。

他派出大量疾病和無窮盡的其他苦難，意圖讓人類生存條件產生變化，避免造成之前惡果的幸福感飽和再次發生，同時也為了誘使人類能透過這些新災難的對比，進而更加珍視自己實已坐擁太多的美善。神希望人類在專注接受苦難磨練的同時，也更能接受自己所渴望的幸福不可能存在的事實。他也有意藉由這些身體疾病與外力因素，磨耗人類心智，挫其自尊，讓他們向必然低頭，對自己的天命更加知足。祂也深知，

／／／

2．杜卡利翁（Deucalion）是希臘神話中普羅米修斯之子，與妻子皮拉（Pyrrha）在天神為懲罰人類而降的大洪水中倖存。洪水退去後，兩人收到神諭，拋石造人。

疾病與苦難能防範此前流行過的自殺風潮；這些災厄不僅會讓人類變得膽小怯懦，也讓他們對於逃離痛苦仍抱有希望，因此就會更緊抓生命不放。這就是不幸的功能：讓人類以為眼前的痛苦消失後，在前方等待的會是幸福。

朱威又創造出風和烏雲，備妥雷霆閃電，將三叉戟交給海神，發射彗星，安排日蝕月蝕。祂想藉諸如此類的惡兆，三不五時驚嚇凡人，因為畏懼與真實的危險能讓人類暫時與生命和解——不單是那些不快樂的人，甚至還有那些最憎惡生命、亟欲了結自己存在的人。

作為過去無所事事的解方，朱威賜給人類追求新奇飲食的品味與欲望，若不付出最大努力，人類就無法滿足口腹之慾。在大洪水之前，人類靠著土地與樹木所生的清水、草葉與水果維生，就如同今日生活在加州之類地方的某些人那樣。他將不同氣候分派給不同國家，分發四時節氣。在此之前地表各處並無氣溫差異，只有均勻和煦的空氣籠罩，讓人無須穿衣。然而，人類如今必須勤勉打拚，才有辦法應付無情萬變的天氣。

朱威命令墨丘利[3]為最初幾座城市奠基，並將人類區分成不同種族、民族與語言，讓眾人為競爭與爭吵而彼此隔閡。他也委任墨丘利教導人類音樂與其他藝術；音樂與藝術由於性質與起源使然，至今仍被視為神聖無上。朱威本人則前往這些新興國家頒行法律憲綱。最後，祂將某些崇高、超凡的魅影送進人群，作為最美妙的贈禮，並將強大的影響力託付給這些魅影，讓它們控制凡間人類。它們各是正義、美德、榮耀、愛國心……等。其中有一個名為「愛」的精靈是最早進入世間的。在衣物發明之前，兩性僅僅透過一種遠遠稱不上愛的獸性直覺而相互吸引。這種感覺可比做我們受到食物吸引——我們欲望食物，但並非真的愛它們。因為聖意干預，人類的生存處境得到無以倫比的改善，遠比之前的生活還更輕鬆快活；儘管現在倦怠、痛苦與恐怖已和人的生命密不可分。這主要歸因於人對那些精美的拼裝物[4]——有些人視之為精靈，其他人視之為神，無不懷抱極度崇敬與狂熱，追隨了相當長一段時間。他們的熱情被同

3．墨丘利（Mercury），羅馬神話中為眾神傳訊的信使，相當於希臘神話的赫耳墨斯（Hermes）。

4．原文 chimera 一詞是指神話中的混和怪獸，上身為獅，中段有羊頭，下身為毒蛇。

代的詩人與藝術家激發至頂點，許多人毫無遲疑地為某些魅影奉獻捐軀。但朱威並未因此不悅，反而稱心如意。他認為，人類若是把自己的生命視為一種有足夠犧牲價值的禮物，才會將之獻給這些華美的幻影，也就不會像之前那樣急著與生命一刀兩斷。如此的快樂狀態又比先前時代維持得更久。儘管棄絕生命在幾世紀間不斷復發，但厭世傾向的衰退也已可顯見。由於那些燦爛的幻象，對人類而言，存在還堪稱輕鬆愜意，尚可忍受——直至一段距今不算太過久遠的時代為止。這種樂觀情境的衰退主要肇因於人類用來滿足需求與欲望的方式簡化了；當他們背離朱威創下的共和國典範越來越遠，社會處境與其他生存條件就會變得更加不平等；這種背離的必然結果，就是人類再度變得浮華虛擲又無所事事；生命中的變數對他們啟發出的趣味正在降低；連同其他重要又廣為人知的種種原因亦然。人類心中再次充滿往昔那種對存有的噁心感，心靈再度亟欲索求那未知、有違自然定律的幸福。

但人類命運的整體變革，以及我們今日稱為「舊世界」那時代的終結，乃起因自一個特別的變化。有一個古人格外欣賞的魅影，名為智慧。智慧讓人類繁榮存續，也和其他魅影共同受到人類高度推崇，更引來不少人類為其奉獻心力。她每每向人類保證，她的教誨能帶他們見到自己的女主人——真理，一位與天上神明緊緊相繫的崇高神靈，而她迄今尚未下凡。這個魅影保證會將真理帶來人間，而這位崇高神靈將會讓人類生活煥然一新，讓人的知識、完美與幸福都堪與神明匹敵。但區區魅影怎會實現任何承諾？更遑論引領真理下凡。在一段滿懷信心的漫長等待後，人類發現了智慧的虛假。同時，又對其他新玩意兒起了貪念——因為他們太閒了，一部分受到想與眾神平起平坐的野心鼓動，一部分又渴求自己曾想像擁有真理之後就能得到的幸福，他們放肆地要求朱威出借這個尊貴的神靈一陣子，還責怪祂竟心懷妒意地將真理扣留了這麼久，不讓人類同享伴隨真理而來的龐大益處。人類同聲表達出對他們天命的不滿，再次滿懷恨意地埋怨人生微不足道，無有意義。他們一度珍愛的魅影，如今幾乎全被冷落在旁，然而這並非因為人類發現了它們虛幻的本質，不過是因為它們的品行低劣，就連良善的表面幻象都觸動不了人類的感受。於是人類又頑劣地回絕神明賜給人類最好的禮物，並為自己開脫，說道：那些派到凡間來的魅影不過是次等精靈，人類樂意膜拜的高等精靈還被鎖在天上。

此前的種種災厄，尤其是跟大洪水之前的人類相較下為數巨量的缺陷與罪惡，都是因為朱威對人類的善意逐漸減退所致。朱威對人類的耐心不再——人類老是躁動難安、不可理喻，終於惹惱了朱威。祂承認，自己單方面想讓人類心滿意足的努力已盡付諸流水。他不是明明擴大了世界、讓當中樂趣與變化增加數倍了嗎？這些善意之舉卻馬上被人類——渴求無限、卻又永遠無法企及無限的人類——視為小氣吝嗇，而且毫無價值。朱威要給人類一個永遠的懲罰。祂決定懲罰人類，毫不留情，祂要讓人類的處境變得遠比之前還糟。為此，祂故意派遣真理前往人間——並非人類一度希望的一陣子，而是讓她的權威取代所有如今遭到唾棄的魅影，統轄所有人類。

其他神明被朱威的決定嚇傻了，此舉看似是把人類抬舉到足以損害眾神尊嚴的地步。但朱威向諸神解釋，這些並非全是有益的精靈，再說，由於本性使然，真理帶給人類的效果不會與她帶給眾神的一樣。真理向眾神揭示祂們永恆的喜悅，卻只會向凡人展現他們無窮的不幸，並且讓凡人知道這種不幸並非偶然，而是出自不可避免、而且永恆不變的必然。既然人類之惡的嚴重程度完全只是人類自己所相信的那麼巨大，不難想像真理將會讓人體驗到何等尖銳的痛苦。他們終將明瞭世事無常；他們會發現，除了一己的不幸之外別無實在。最終，他們會失去希望——生命到此為止最重要的安慰與支持——他們不會再有任何足以激起希望的手段；不斷地勞動生產，一切精神活動都會渙散，活者的生命將染上死亡的惰性。儘管絕望又死氣沉沉，人類還是會受到追尋快樂的老套願望所折磨，甚至更加強烈、密集，因為他們受心事紛擾的機會更顯難得，付諸行動的動機又更顯稀微。他們也會失去想像力，想像力原本能悄悄帶領人類進入一種快樂境界，堪與他們所渴望、不可能的幸福相提並論。

「然後，」朱威說道，「我置入凡間，用來滿足、欺瞞人類的無限的替代物，還有我灌入他們心靈，用來喚起快樂感受的模糊概念，全都會臣服於真理的教條下。那原本微不足道、惹人嫌棄的大地，會在人類得知它的真正大小，明白所有自然奧妙之後令他們加倍絕望。最後，當那些只為存有帶來光明的魅影消失之後，人生也會變得毫無目標且不具價值。民族與國家甚至會丟失自己的名字，因為愛國心消失後，民族認同也將不復存在。人類會團結起來組成單一民族（他們會這麼稱呼），高舉一種所有人類共享的普世之愛。但實際上他們不可能團結；有多少個體，就會分化成多少族群。因為他們沒有特定的祖國可去愛，也沒有外侮可去恨，每一個人終將只會憎恨他的鄰人而獨善其身。隨之而來的惡果難以估算。然而，人類又不可能藉由自我了斷中止一切不幸，因為在真理的支配下，他們會膽小得可悲。真理會增加存有的苦楚，同時又剝奪他們藉以抗拒存有的勇氣。」

朱威的一席話讓眾神開始同情起人類。祂們認為，給予人類如此煎熬，有違聖性中的憐憫。

但朱威繼續說道：「愛的魅影將持續提供人類些許寬慰，我刻意只將它留在人間。儘管真理的權柄幾乎無所不能，但就連真理也永遠戰勝不了愛，也無法將愛逐出人間，但這兩者的拉扯將永無平息之日。於是，在真理與愛之間來回擺盪的人類生命就具有兩種極端狀態，真理與愛各自在兩極上控制著人類的思考與行為。長者將無能享受愛的撫慰，但會獲賜對於自己存有所感受到的滿足，一如其他動物。他們會自動自發地熱愛生命，而非出於被剝奪的任何歡愉或好處。」

於是朱威除去了人間所有魅影，僅留下愛——最低賤的那個魅影，並把真理遣往人間，永遠宰制人類。然而諸神預測的結果並沒有維持太久。說來奇怪，在真理這位神靈還沒降下凡間、尚無實際權力時，她受到大量的廟宇與獻祭所榮耀；如今，她的降臨反而冷卻了世人對她的狂熱。這種事情不會發生在其他神明身上；祂們越是了解自己，就越能感到榮耀；但真理令人悲傷，最終只會激發人類的恨意，讓人拒絕崇拜真理，於是真理只能強制人類服從自己。而早前受到某個魅影格外感召的人，原本就崇敬那個魅影勝於其他，真理於是遭受這些她已完全掌握的人類詛咒唾棄。不過因為人類無法抗拒真理的暴政，所以從那時起，人類就過著絕對悲慘的生活——也就是他們今日的命運，也就是他們被判處的永恆刑罰。

但不久前，眾神心中永無止盡的憐憫，讓朱威對苦難眾生也起了同情之心。他注意到某些人的煎熬——那些才識、品德與純真格外特出的人，會受到真理非比尋常的壓迫。當正義、美德與其他魅影還導引著人性時，以前常造訪人間、逗留一陣子的神祇，總會受到全體人類或特定個人以禮相待。但自從人類開始墮落，沉淪懦弱中，就不再搭理神明。朱威同情我們的處境，於是問起眾神，有誰願意如以往那樣造訪人間，撫慰人類的不幸，尤其是對那些不應遭受這種連坐處罰之人。諸神一片緘默。最終，愛——神聖維納斯之子，恰巧與那魅影同名，但兩者本性與權能大相逕庭，也是眾神當中最富同情心的一個——自告奮勇接受朱威交託的任務。愛是這麼受眾神歡迎，以至於諸神片刻也不捨祂離開自己的視線。古人當然曾想像愛神會偶爾現身人群間，但實情並非如此。人類受到魅影的詭計幻化矇騙。有著相同名字的天神要在人類遭受真理統轄之後才初次造訪人間。

此後，愛神相當偶爾並短暫降臨——因為人類並不值得，而且天庭還有不耐的眾神正等著祂。當祂降臨人間，祂會挑選最慷慨大度之人所具有的柔軟、高尚的心。祂在這些心上稍事歇息，在它們心中發散一種莫名而奇妙的甜美感受，以崇高而蓬勃的情感激發它們，這對人類而言是前所未有的體驗——與其說這是幸福的相似物，不如說那便是幸福本身。有時——儘管機會相當罕有——祂會將兩顆心連結為一，同時棲居於兩人心中，並在兩人內心激起互相的激情與欲望；但朱威禁止愛神滿足戀人的懇求，只有相當少數的開恩，因為相愛的快樂太接近眾神的幸福。

有愛神棲居心中，就能成為最快樂的凡人。他不僅受神明顯靈眷顧，也受古老神祕的魅影所惑——儘管魅影已從人類的天命當中抽離，但在朱威的准許下，仍尾隨愛神而至——儘管遭受它們的強勁敵手真理所反對。但真理就和其他精靈一樣，無能抗拒諸神的意志。此外，既然命運給予愛神永恆的青春，愛神也能將這種青春部份轉化給初嘗悸動滋味之人，受贈者或許能因此重拾孩提時代的快樂。只要愛神還在，得到愛神棲居的靈魂就會被祂激起無窮希望，以及童年生活的甜美幻象。許多人對愛一無所知，無能欣賞，甚至會當著愛神的面辱罵祂。但愛神無視如此辱罵，也不急著復仇，祂的本性高貴而極富憐憫心。其他眾神也不再為了人類的罪愆而困擾，眾神施加於人的復仇和人應得的無解悲慘，已讓祂們心滿意足。因此，墮落而褻瀆的人類並未因為冒犯愛神而受懲處——除非他們已被徹底排除於上天眷顧之外。

II.

海克力士與阿特拉斯的對話

Dialogo di Ercole e di Atlante

海克力士：阿特拉斯啊，我父朱威捎來問候。您若是對肩上重擔感到疲累，我是來和你交班幾個小時的，就像我在不知道幾個世紀前作過的那樣，好讓你喘口氣，稍作休息。[1]

阿特拉斯：感謝，親愛的海克力士，我也相當感謝朱威。但這個世界變得好輕，讓我原本用來擋雪的斗篷如今卻顯得礙手礙腳。當然，若非朱威命令我得繼續站在這裡，將這顆球扛在背上，我早就把它夾在腋下、或放進口袋、或用鬍鬚吊著，做我自己的事。

海：世界怎麼會變輕？它的形狀現在看來明顯變了，變得有點像圓麵包，而不是我在與阿爾戈艦上的一眾英雄展開壯遊之前，[2]從宇宙輿圖上認識的球型。但我還是看不出它的重量為何會減輕。

阿：我和你一樣，也對這原因一無所知。但你且將我陳述的事實先記在腦海，對這答案稍感滿足吧。

海：我發誓，要是沒經過這番測試，我才不信你所言。但我發現的其他狀況又是怎麼回事？上回我背著世界，曾感受到背上傳來強大的脈動，好似野獸的心跳；我還聽到持續的嗡嗡響聲，猶如一窩黃蜂。但現在它跳得就像一只壞了彈簧的錶；至於那嗡嗡聲，現在完全聽不到了。

阿：我也不知為何如此，只知道世界許久之前就不再動彈或發出任何聽得到的噪音了。我還一度懷疑它是不是死了，每天都擔心有朝一日會因為它的腐敗而惹禍上身，一度考慮要找個地方把它怎麼給埋了，還有該在碑上寫什麼墓誌銘。但當我看到地球並未腐敗，我下了結論：它從一種動物變成植物啦，就像達芙尼和其他那個

／／／

1．希臘神話裡，在奧林帕斯神族與泰坦族爭奪霸主地位的泰坦之戰中，泰坦族戰敗，身為泰坦族人的阿特拉斯因而受宙斯懲罰，要永遠扛著地球。之後，當宙斯之子，大力士海克力士受命去盜取金蘋果時，普羅米修斯曾建議他請阿特拉斯協助。於是海克力士向阿特拉斯求助，並答應在他離開時，代為扛起地球。

2．阿爾戈艦（Argo）是希臘神話中伊阿宋（Jason）率一眾英雄出航前去尋找金羊毛時所乘的船隻。

誰一樣；[3]我的理論解釋了它的無聲與靜止。我開始害怕它的根不久後就會纏在我肩上，把我全身包進根裡。

海：我倒寧可它是睡著了，而這一覺就是像埃庇米尼得斯[4]那種一睡超過半世紀；或者是像赫爾墨提姆斯（Hermotimus）那種靈魂一開心就出竅遠遊、在異地遊玩好幾年的覺。為了不讓靈魂自顧自地繼續玩下去，赫爾墨提姆斯的朋友放火燒了他的身體；靈魂回來時發現自己的家毀了，只好找其他身體尋求庇護或短居片刻。所以啊，要避免世界永遠睡下去，或預防朋友以為它死了，我們應該對世界放把火。現在我們就來試試喚醒世界吧。

阿：我很樂意配合，但要怎麼做？

海：我會用這根棒槌朝它一陣猛打，像是我根本不怕把它打爛，也不確定它會像蛋殼那樣在重擊後出現裂痕。但我唯恐那些在我的時代還能與獅子摔角、現在卻只能跟跳蚤勢均力敵的人類，會在我這突然一擊後昏厥過去。我想，我們應該先把棒槌與斗篷收到一旁，用這顆可憐的地球來玩一場傳球遊戲。真希望我帶了跟墨丘里在天界一起用過的球拍來。不過，就算沒有球拍，我們也能玩得盡興。

阿：就這麼辦吧！然後你父親看到我們在玩，就會想湊一腳，拿他的閃電把我們倆劈到不知何處，就像他把法厄同劈進波河那樣！5

海：你說得好像我和法厄同一樣，都是詩人的兒子，而不是朱威生的，好像我跟詩人的兒子沒有兩樣；詩人能用歌謠藝術讓人往城市裡安居，我可是會用棒槌把天堂人間殺得片甲不留。你說朱威的閃電？看我一腳把它踢回天庭最遠的角落去。就算我想動用五、六顆星星來玩，或是拉著彗星尾巴當彈弓，甚至將太陽當皮球，我相信父親都不會反對。再說，我們是為了這個世界好，哪像法厄同只是想在攙扶他踏上馬車的時辰之神面前炫耀自己有多快而已。而且他還想在安卓美達

／／／

3. 在希臘神話中，達芙尼（Daphne）為了躲避太陽神阿波羅的追求，因而向眾神求助。天神於是將她變成一株月桂樹。

4. 埃庇米尼得斯（Epimenides），古希臘克里特島詩人、預言家。相傳他在洞穴中沉睡了五十七年，醒來後有了預言能力。

5. 希臘神話中，法厄同（Phaeton）四處誇耀自己是太陽神之子，但無人相信。於是他要求父親允他駕駛他的太陽車。法厄同不聽太陽神的事前勸阻，慌亂中駕車失控。太陽車先是升得太高，大地驟然變冷，接著急速陡降，焦灼了地上草木，大片非洲土地因而化為沙漠，衣索比亞人的皮膚被燒得焦黑。宙斯最後出面以閃電將法厄同劈死，屍墜義大利的波河（Po）。

（Andromeda）、卡利斯多（Callistro）還有其他美麗的星辰眼中塑造自己高超的驛夫形象。聽說他經過這些星辰面前，都會朝她們大拋以光芒燦爛打造的糖果蜜餞；他那天駕車時，還想在天神面前搞一場氣派的遊行。簡單來說，你別去想我父親有可能生氣。不管怎樣，所有處罰由我來擔就是；所以，拋下你的斗篷，把球傳過來吧。

阿：既然你如此健壯武勇，而我不過是個手無寸鐵的老頭，看來我也只能照著你說的辦。但小心別讓這顆球掉了，不然它可是會出現新腫包或裂痕，就像把義大利和西西里、或非洲與西班牙隔開的那種裂痕。要是它真的這麼被你碰壞了，地球上可能會發生一些人類稱之為地區或王國獨立的戰爭。

海：包在我身上吧。

阿：球要去了。你看，球的軌跡因為變形而顫抖！

海：你丟大力點兒；你丟的球幾乎搆不到我。

阿：都是球不好。它因為太輕，被東南風吹走了。

海：又是它跟風的老毛病。

阿：我想我們應該要幫它打打氣。它現在的彈性就跟顆西瓜一樣疲乏。

海：又一個新毛病！以前它還能又蹦又跳，像頭年輕山羊似的。

阿：看球！快追著它。看在朱威份上，快接住，免得掉了！唉呀！你的時機抓得太糟糕了！

海：是你球丟得太差了，就算我冒著扭斷脖子的風險，也不可能及時接到。唉，可憐的小東西！你還好嗎？有哪裡不舒服嗎？這球連一聲都不吭，也沒有任何靈魂動彈的跡象。他們都還在睡覺。

阿：去你冥河號角的，快把球還我，讓我重新背回肩上。你就撿起你的棒槌，快快回到天上，幫我向朱威開脫。這整件事責任都在你身上。

海：我會的。好幾個世紀以來，我父親家中有一位名叫賀拉斯[6]的詩人。他受奧古斯都、就是為了擴充羅馬帝國勢力而被朱威封神的那位奧古斯都推薦，成為天庭的

／／／

6．賀拉斯（Horace, 65-08 BC），羅馬帝國奧古斯都統治時期的名詩人。

御用詩人。這位詩人在某首歌裡這麼說：即便世界墮落，正直君子心中都無有擾亂。既然世界如今墜落在地，又沒驚動任何人，那麼由此可推論，所有人類都是正直的。

阿：誰還質疑人類的正直呢？別耽擱時間，你現在就快去為我向你父親說情，否則我還得時時提防會有雷霆劈來，把我從一座山劈成一座火山。7

7．阿特拉斯亦是一座位於非洲的山脈之名，而此處火山原文名為Etna，是一座位在西西里島上的火山。

III.

死亡與時尚的對話

Dialogo della Moda e della Morte

時尚：死亡夫人，死亡夫人！

死亡：等妳的日子到了再來吧。屆時就算你不喊我，我也會出現。

時：死亡夫人！

死：吵死了。等你最不想見到我的時刻到了，我才會過去你那邊。

時：您怎麼說得好像我並非不死呢？

死：不死？

「不死諸神紀元已了

此後晃眼又過千年」[1]

時：夫人跟十五、十六世紀的義大利詩人一樣，也喜歡賣弄佩托拉克呢。

死：我喜歡佩脫拉克，因為他為我的勝利作詩，也因為他常在詩中提到我。但我該走了。

時：留下來吧！看在您鍾愛的七宗罪[2]分上，請為我駐足片刻，好好看著我。

死：好吧。我這就看著。

時：您不認得我了嗎？

死：你應該知道我視力不佳，而且沒配眼鏡。英國人磨的鏡片沒一副適合我，就算有，我也不知道該戴在哪兒。

時：我是時尚，您的妹妹啊！

死：我的妹妹？

時：對呀，您不記得，我倆都是衰敗所生的嗎？

死：說得好像我這記憶的頭號敵人應該記得這種事情似的！

時：不過我記得。我還知道，我們倆都喜歡無常，也都樂見腳下的蒼生萬物分崩離析。

／／／

1：出自佩托拉克短歌（canzone）〈主宰形骸的高貴神靈〉（Spirto gentil, che quelle membra reggi），原文："*Passato è già più che 'l millesim' anno/ che sono finiti i tempi degl'immortali.*"

2：傲慢、貪婪、色慾、嫉妒、暴食、憤怒及怠惰。

只不過，您用您的方式喜歡，我則用另一種。

死：除非你是在自言自語、還是跟哽在你喉頭的哪個誰說話，否則嗓子就給我放大聲點兒，話講得更清楚些。如果你要繼續用那稀薄的蜘蛛音量在你牙縫間咕噥，我不可能聽懂你在說什麼。你應該知道，我的耳朵沒比我的眼睛好。

時：雖然清楚講話有違風尚——在法國，大家講話可都不是要讓人聽到的呢。不過，我們既然是姊妹，我也就免了這些繁文縟節，就按您的吩咐吧。我方才是說，我們共同的秉性就是要讓世界日新又新。姊姊您自始至終都在侵襲人類生命，覆滅國家民族；而我呢，我淨是喜歡影響一些鬍子、帽飾、服裝、家具、屋宅之類的。我都在做些可與您的豐功偉業相提並論的事情，千真萬確。我在大家的耳朵、嘴唇、鼻子上打洞，教他們用我掛在上頭的飾品撕扯皮肉。我以美觀為藉口，在人皮膚上印下烙鐵。我用緊纏的繃帶和其他小技巧壓縮兒童的頭顱；讓擁有一模一樣的頭型成為國家習俗，就像在美洲與亞洲某些地方那樣。我用小鞋折磨人類，弄瘸他們。我用極緊縛的胸衣讓女人窒息，她們的眼珠都快從頭顱爆出了呢；還有其他成千上百種類似的小玩笑。我也常威脅利誘那些高雅的人類去忍受數不盡的日常疲勞與不適；有些人甚至愛我愛到光榮地丟了性命。我就不提那些人類為了服從我而染上的頭痛、風寒、各式發炎、發燒——每日燒、間日燒、三日燒。他們樂於受寒顫抖或被高溫融化，只因我要他們在肩上穿戴羊毛，或在胸口覆蓋棉布。事實上，他們寧可不顧自己死活，也要照我的意思行事。

死：說實在話，現在我可相信你是我的姊妹了，這可比看到出生證明還肯定。但站在原地不動實在教我癱瘓。你要是能跑，就跟著我一起跑起來吧。但你不能拖拖拉拉，因為我的腳步極快。你可以在我們前進的同時暢所欲言。要是跟不上我的腳步，看在我倆的關係上，我發誓在我死成之後，就把衣裳家當全過繼給你當新年賀禮。

時：如果我們賽跑，還真不知誰會贏呢。您要是會快跑，我也能飛奔，您站定會癱瘓，我甚至會死呢。所以一起跑吧，我們就一路聊下去。

死：就這樣吧。既然我們系出同源，你理當多少得服從我，或是輔佐我的事業。

時：我早就這麼做了，而且遠比您想像的還多。畢竟，我雖能不斷取消又轉化各種風俗，卻從沒改掉任何地方人皆一死的風俗；所以死亡才是自創世至今最無可匹敵的。

死：簡直是偉大的奇蹟呢——你根本沒試著去做任何你做不到的事啊！

時：為什麼我做不到？您表現出了對於時尚力量的無知。

死：唉呀。聽你介紹那些與死無關的風俗也夠久了。現在，我要你像個好妹妹那樣，輔佐我推動事業，讓它比目前還更便捷速效。

時：剛剛我已說過一些有利於您的業務了。不過，那些話跟我接著要告訴您的相比，還真是不值一哂。尤其在現代，我一點一滴地引導大眾不再去實踐或相信保健身體的方劑與運動；取而代之的，是只有百害而無一利的無窮花招，用來縮短世人的壽命。除此之外，我也向大眾介紹一些風俗與禮儀，讓這個存在不論從身心角度評比，都是生不如死；所以若以「死亡的世紀」稱呼這個時代，應該實至名歸。在這個世紀之前，您能擁有的一切不過就是墳塚與墓室，您在那裡撒播的骨灰不過是無法萌芽的種子。但現在您有了精緻的地產，以及某種程度而言一生下來便是您永久資產的所有人類——儘管他們剛出生時還不能算是您的。再說，過去那個受人怨恨、責難的您，在今天也因為多虧了我，才能受每個人類天才珍惜和讚揚。比起生命本身，這些人還更鍾情您，以無上尊榮款待您；他們呼喚您、期待您，有如迎接最偉大的希望。

我還沒說完呢。我發覺，有一種人對死後來生——或他們稱為不朽——有點模糊概念。他們想像自己會活在親友的記憶中，他們渴望別人的這種記憶。當然，這其實不過是一種幻想；人都死了，還在意什麼呢，還在意能否活在他人心中？他們或許更該擔心墓穴裡的病菌感染吧。不過，因為害怕這種拼裝物似乎會貶抑您的尊嚴名聲，因而對您不利，我廢除了尋求長生不死的風尚，以及退而求其次的那種——就算有時那是他們應得的。如此一來，現在無論誰死，都會確定自己會徹底死透；他們每個部分都會埋進土裡，就像一隻連骨帶肉被大口吞噬的小魚。

我對您的愛敦促我去執行這些重要的事務。我也不留餘力地成功強化了您在人世間的權力。我現在還更急切想繼續這份志業。當然了，今天我來找您，就是希望我倆未來不再分開，而是攜手策劃，共同實踐，拓展我們各自的野心。

死：你說得有理。從現在起，我就聽候你差遣。

IV.

哥布林與地精的對話

Dialogo di un Folletto e di uno Gnomo

哥布林：原來你在這兒啊，別西卜[1]之子！你要上哪兒去？

地精：父親派我去看看人類究竟是在做什麼狗屁倒灶的事。他覺得有些事情不大對勁，因為人類太久沒給我們惹麻煩了，在父親轄下一件破事都沒看到。他猜想，人間是不是有了什麼大改變，心想人類或許回頭過著像以前那樣以物易物的原始生活，用羊換東西，而不是金條銀錢，或像野蠻人那樣用珠母貝；或者，呂庫古[2]的法條又被人重新訂立。不過父親認為最後一種可能性倒是滿低的。

哥：「汝欲問無人，皆溘然長逝，」[3]就跟某齣悲劇裡的倖存者說的一樣。那部悲劇所有的重要角色在最後一幕全死了。

地：什麼意思？

哥：我是說，人類全死光，整個物種都滅絕啦。

地：我咧！這可是值得上報紙的大新聞！可是怎麼都沒人提及此事？

哥：還真是蠢啊。你看不出來，沒了人類也就沒有報紙嗎？

地：是呀，你說得對。但我們該怎麼知道未來世上發生的新聞？

哥：新聞！什麼新聞？太陽打東邊出來、在西邊下沉嗎？天氣是熱還冷？下雨下雪還是颳風？

既然人類消失了，命運女神也就脫掉她的遮眼布，戴上眼鏡，把她的轉輪接到樞軸上。她雙手交叉抱胸，坐看世界運行，不受上頭支微末節的小事煩心。自我膨脹的王國或帝國不再，隨後又像泡沫一樣炸開——因為他們全都消失啦。世上也不再有戰爭，歲歲年年就跟兩顆豌豆一樣，分不出彼此。

地：既然日曆不再印行，不就沒人知道今夕是何夕！

／／／

1．別西卜（Beelzebub），意為「蒼蠅王」，新約聖經所稱的魔王。

2．呂庫古（Lycurgus, 800 - 730 BC），斯巴達的首位立法者。

3．原文：「Voi gli aspettate invan: son tutti morti.」語出拉札里尼（Domenico Lazzarini, 1668-1734）在一七二〇年所作之悲劇《青年尤里西斯》（*Ulisse il Giovane*）。

哥：你這短命鬼！月亮還是轉她的啊。

地：也叫不出來今天星期幾！

哥：這些到底是有什麼關係？你以為你叫不出它們名字，它們就不會來？還是你以為，你叫一叫，已經逝去的日子就會復歸？

地：也沒人在紀年了！

哥：這樣我們很老的時候就還能說自己很年輕；因為不再確定紀念日，我們也能忘卻人生的掛心大事。再說，這麼一來，一旦我們真的很老，也不會知道自己很老，更不會每天只想等死。

地：但這些流氓到底是怎麼消失的呢？

哥：有些在打鬥中殺掉自己；其他人溺死海中。有些吃掉對方。自我了斷的人也不在少數。有些死於吃飽閒著的無聊；有些是書讀到脖子斷掉，還有更多是在淫亂和其他放蕩的千百種勾當中命喪黃泉。簡而言之呢，人類天命已盡，只要他們還活著，就是在拚命違逆天道運行、叛離天生福祉。

地：我還是不懂，一種動物怎麼能滅絕得這麼徹底，不留痕跡。

哥：你身為地理專家，應該知道這情況絕非晚近才有的例子。古時就有好多動物，到今天除了留下幾片化石之外，其他都已不見蹤跡。再說，這些可憐的動物當中沒有一種曉得人類用以自毀的手段。

地：可能吧。我還真希望這些流氓能有一兩個復活，我想知道他們看到之前發生過的一切會怎麼想，雖然最終就是所有人類全數消失了。這樣他們還會認為世間萬物都是只為他們而創造、而運作的嗎？

哥：他們大概不會把這個世界想成是只為哥布林而存在的吧。

地：如果這就是你的意思，朋友，你該不會是在跟我開玩笑吧？

哥：你怎麼會這麼想？我的確是在開玩笑。

地：去你的，你這個小丑！誰不知道這世界就是為了地精而創造的？

哥：為了地精，住在地底的地精?!這還真是我聽過最棒的笑話呢。太陽、月亮、天空、海洋、田野，這些東西對地精來說有什麼意義？

地：那請問，對哥布林來說，金礦、銀脈，還有整個地球扣掉外面那層表皮之外的全部，又有什麼用途？

哥：好了、好了；我想我們該放棄這個話題，畢竟這毫無重點。我想就連爬蟲蚊蚋都會認為全世界都是專為服侍它們而創造的。既然我們都不會讓步，你我姑且就相信各自開心的吧。不過，老實說，要是我生來不是哥布林，我應該會相當絕望。

地：我要不是地精，也會相當絕望。但我想知道，人類會不會承認自己以前的野蠻行徑。先不說他們其他惡行，他們挖了好幾千條地底礦坑，用蠻力偷走我們的寶藏，還宣稱那全屬於人類。他們還說，大自然在地底埋藏了許多東西，就像在玩某種捉迷藏，等著看人類能不能發現、而且把它挖出來。

哥：這我倒是連猜都不想猜。人類不只幻想世上一切事物都是為他們服務而存在的，也以為這些事物跟人類相較之下不過是微不足道。他們把自己種族內的變卦叫做「世界革命」，把自己民族的歷史叫做「世界歷史」；雖然這地球上還包含跟人類個體一樣多的各種不同動物。然而，這些動物就算是為了聽任人類差遣所創，也向來對所謂的世界革命不知不覺！

地：就連跳蚤蚊蚋都是為了服務人類所造？

哥：就是這樣。好讓他們的耐心有地方施展，人類是這樣說的。

地：說得好像沒了跳蚤，人類的耐心就沒辦法充分發揮似的！

哥：某個名叫克律西波斯[4]的人就把豬這種動物定義成是大自然為人類的餐桌所準備的肉。他還說，豬的靈魂是生來充當鹽巴用的，好把牠們的肉保存好，以免腐敗。

地：依我之見，這個克律西波斯的腦袋裡要是有一點點鹽而非靈魂，他應該不會做出這種見解。

哥：還有其他好笑的。數不盡的動物從來沒有被他們的「主人」，也就是人類，給看過或聽說過；因為牠們要不是住在人類從未涉足之處，不然就是因為實在小到無法觀察。這些動物有許多是人類在最後一段時日裡才發現的。其他植物、礦物等等大概也全是如此。類似地，人類偶爾用望遠鏡發現一些恆星或行星，這些天體此前早已存在成千上萬年之久，但人類一直毫無所知。他們一發現這些天體，立刻就將之列入所有物清冊當中；人類把恆星與行星視為為了照亮他們的領土而高

／／／

4．克律西波斯（Chrysippus, 280 -207 BC），斯多噶學派的希臘哲學家。

掛天上的燭火，因為以前他們晚上還有好多正經事要辦呢。

地：他們在夏天看到劃過夜空的小小流星焰火，還想像那是為人類修剪燭芯的小精靈呢。

哥：然而現在人類全消失了，地球也沒有因此蒙受什麼損失。河水依然淌流，大海雖然不再做為航行貿易之用，也沒有因此乾涸。

地：天體星辰依然升起落下，也沒有因此感到悲痛。

哥：太陽也沒有因此披麻帶孝臉蒙鏽灰——像維吉爾在凱撒死時所說的那樣；我想，太陽對凱撒，就跟它對龐培柱[5]一樣，漠不關心。

5．龐培柱（Pompey's Pillar）是位在埃及亞歷山卓城港口的一根羅馬凱旋柱，也是當時羅馬帝國首都和君士坦丁堡之外最大的一根凱旋柱，柱高近二十一公尺，建於公元二九七年，以紀念羅馬皇帝戴克里先（Gaius Aurelius Valerius Diocletianus, 244-312 AD）成功鎮壓當地叛亂。

V.

馬蘭布魯諾與法法列羅的對話

Dialogo di Malambruno e di Farfarello

馬蘭布魯諾[1]：來自深淵的魅影啊，法法列羅、奇里亞托、拉孔涅羅、阿斯塔羅特、阿里基諾，[2]不論你的名字為何，我以別西卜之名要求你，以我能摘下月亮、釘住太陽的精湛魔術命令你，帶著你們魔王的詔令，速速前來傾盡地獄之力為我所用。

法法列羅：在此。

馬：來者何人？

法：法法列羅，聽候差遣。

馬：你可有別西卜的授令？

法：有的；所以我能為您辦到一切大王親力能為之事，還遠超過其他所有造物的能力總合。

馬：很好。那麼，我要你滿足我一個願望。

法：悉聽尊便。什麼願望？您要的可是比亞特里德斯[3]更高的榮耀？

馬：不是。

法：那麼，是比剛發現的黃金國（El Dorado）還多的金銀財寶？

馬：不是。

法：那麼，是比查理五世某天夜裡所夢還更遼闊的帝國？

馬：不是。

法：一位比潘妮洛普[4]更貞潔的女子？

馬：不。難道你認為這些事情看來需要惡魔的協助？

法：不管手段多麼齷齪下流，都能得到榮耀與成功？

馬：如果我想要相反的東西，才應該需要魔鬼。

／／／

1.《唐吉軻德》中的魔法師。

2.法法列羅（Farfarello）、奇里亞托（Ciriatto）、拉孔涅羅（Raconero）、阿斯塔羅特（Astarotte）、阿里基諾（Alichino），這些皆為義大利古典文學中出現過的惡魔名稱。

3.亞特里德斯（Atrides）是希臘神話中的邁錫尼王。

4.潘妮洛普（Penelope）是奧德賽之妻。

法：那麼，您究竟要什麼？

馬：讓我幸福一陣子。

法：無能為力。

馬：為什麼？

法：我向您保證——我無能為力。

馬：來自一位善良魔鬼的保證？

法：是的，確實如此。您應該知道，魔鬼也是有善良的，就像人也有善良的一般。

馬：那麼你也應該知道，要是你再不閉嘴，立刻照我說的去辦，我就會把你的尾巴吊在那邊的樑上。

法：要我滿足您這需求，不如殺了我還更容易。

馬：我收回我的詛咒。叫別西卜親自過來吧。

法：就算是別西卜率領整支地獄大軍[5]過來，也都無能讓您或貴種族中的任何個體感到幸福。

馬：連一瞬間都無法？

法：一瞬間、半瞬間、千分之一瞬間，乃至於一輩子都沒辦法。

馬：好吧，既然你橫豎都無法讓我幸福，那至少讓我免於不幸。

法：只要您不再愛自己勝過愛世間萬物，便行。

馬：我大概只有死了才會不再偏愛自己。

法：但只要您還活著，您就沒辦法博愛萬物。您的天性唯獨無法忍受博愛萬物。

馬：正是如此。

法：您愛自己勝過其他世間萬物，也因此，您一心欲求的是一己的幸福。由於這個願望無法達成，您必然感到不幸。

馬：既然沒有任何愉悅能讓我幸福或滿足我，我就連身處逸樂之中也會感到不幸。

法：的確沒有。

馬：也因為愉悅無法滿足我靈魂與生俱來對幸福的欲求，所以它並不是真的愉悅，以

／／／

5．原文為猶大環（Giudecca，但丁《神曲》中的地獄第九層第四圈）與惡溝（le Bolge，地獄第八層）。

至於就算愉悅仍持續發生，我依然不會感到幸福。

法：正如您所言：因為對人或其他生物來說，即使無痛苦也無災難，只要幸福被剝奪，就會帶來明確的不幸感。就算在所謂的愉悅仍持續時也是如此。

馬：所以，從出生到死，我們的不幸沒有一刻停歇。

法：是有那麼一刻的。唯有您在一場無夢的安眠裡，或是因為精疲力竭等原因喪失了感覺，不幸就停歇了。

馬：但只要我們還察覺自己仍活著，不幸就永不止息。

法：永不止息。

馬：所以，我們其實最好別活著。

法：若沒有不幸能比不幸還要好的話。

馬：那麼？

法：那麼，您要是願意提早將您的靈魂繳交給我，我已準備好將它帶走。

VI.

自然與靈魂的對話

Dialogo della Natura e di un'Anima

自然：去吧，我可愛的孩子。你會是我數百年來最獨鍾的那個。活著，偉大而不幸地活著吧。

靈魂：我在活著之前是做了什麼壞事，才讓您用這種厄運懲罰我？

自：怎麼說是厄運呢，吾兒？

靈：您不是才剛命令我要不幸嗎？

自：是的；但那只是為了讓你能變得偉大。若缺乏不幸，你便無法成就偉大。再說，你是受派去驅動人類身體的，所有人類生而注定不幸。

靈：那麼，您讓我注定幸福，豈不是更加合理？如果不可能讓我幸福，那最好就別在世上創造人類。

自：這兩件事我都辦不到，因為我受命運支配，而他意不在此。對你我而言，這背後的原因一樣神祕。既然你是被創造來驅動人類的，這世上也沒有其他力量能讓你免於人類普遍的不幸。再說，我賦予你的一切完美天賦，將會讓你的不幸造就你格外的偉大。

靈：我還不知道，因為我才剛開始活著。這就是我聽不懂的地方。但告訴我，極端的不幸與偉大可是同一件事嗎？如果它們有絲毫不同之處，為何彼此難以分離？

自：這兩者在人類和其他動物的靈魂當中是密不可分的。因為登峰造極的靈魂必然蘊含大量知識，而知識向人類揭櫫了人性中的不幸，所以知識大抵就是不幸本身。同樣道理，越強大的生命就牽涉到越多的自愛，這種自愛會以各種不同方式顯現。渴望幸福就是這種自愛的結果，而且加深了不幸，因為這種欲求不可能被滿足，這就是人類的不幸命運自我實現的結果。這是在創世伊始就規定好的，我無力更改。

此外，你活躍的智慧與強大的想像力將會大幅降低你的自主能力。野獸毫無遲疑地將官能與體力投注於所欲達成的目標；然而人類鮮少如此，他們通常都以理由與想像阻礙自己達成目標，這些理由與想像導致了千種思慮上的自我質疑，以及執行上的障礙。人若能更不依賴或訴諸思慮，決定將會更為迅速，行動也會更為有力。但是，像你這樣的靈魂，自滿而驕傲地察覺到自己的偉大，才真的是對主宰自己的生命無能為力，而且時常敗在優柔寡斷的思考與行動手下。這種性格是人類生命的最大詛咒。

還有，儘管你憑借自己的高貴才識，能輕而易舉藉由最深邃困難的知識與成就勝出多數人類，你還是會發現，在跟他人交往時，有一大堆顯而易見又基本的事情是學也學不會、做也做不來的。同時，你也會發現，那些比你低劣、甚至幾無智力可言的人，對這些事情卻是得心應手。這類困難與窘境將會占據、纏繞著偉大的靈魂；然而，這些靈魂能以偉大得到作為補償的名聲、讚譽、榮耀，以及在他們身後綿延不絕的記憶。

靈：這些讚譽跟榮耀從何而來？——是來自天堂、您、還是誰？

自：來自人類，只有他們能發出讚譽跟榮耀。

靈：但我想，我對這些與人交往的必要事物一無所知，智力比我低落的人卻又能輕易通曉，這會讓我遭受鄙視與排擠，而非受人讚譽。我也覺得，對他們多數人來說，我應該都會一直沒沒無名下去，因為我無法融入他們的社會。

自：我無能預見未來，所以我說不準人類在你降生世間之後會作何反應。但從過去經驗判斷，我想，他們大概會嫉妒你。這是另一件偉大心靈尤其容易遭遇的不幸之事。他們或許也會鄙視你，對你冷淡以待。好運、甚至時勢通常也不會與你站在同一邊。

但就在你死後，如同某個名叫賈梅士或之後的彌爾頓[1]那樣，你會被歌詠讚頌，直上雲霄；若非所有人都有此反應，起碼也有幾個心靈高貴的人必然會如此。你的骨灰也許會葬於華美的墳塚當中，肖像以各種形式複製，讓人代代相傳。世人會研究你的生平與著作，最終，你的名字將響徹世界。不過，你得保證不受厄運或甚至是自己過量的天才所阻礙，否則你的功績不見得能留下毋庸置疑的證明。這種不幸的例子數見不鮮，只有我與命運知道。

1．賈梅士（Luís de Camões, c.1524-1580），葡萄牙詩人，詩作常與荷馬、維吉爾、但丁、莎士比亞相提並論。彌爾頓（John Milton, 1608-1674），英國詩人及思想家，史詩《失樂園》（*Paradise Lost*）作者。

靈：母親啊，只要我能得到我最深切的欲望與幸福，才不在乎我的知識是否被剝奪殆盡。至於榮耀，我不知道那是好是壞，但我知道，不論間接或直接，都要在它能為我帶來幸福之後，我才能對其評價。現在，依您剛剛所言，您賦予我的傑出能力雖能換得豐碩的榮耀，卻也造成最嚴重的不幸。然而，就連這種微不足道的榮耀，都非得在我死後才能得到，到時我也看不到自己究竟是否因榮耀而受惠。再說，這種以大量磨難為代價的虛幻榮耀，有在生前不見、死後不來的可能。

簡言之，我從您方才親口所言而得的結論，知道您絕非自稱的那樣以分外強烈的深情愛我；您對我懷有的惡意，遠比我落入人類或命運手中感受到的還更強。究竟您還為了什麼，要賦予我這種災難般的傑出能力？您大肆吹捧這種能力，到頭來，那卻是一顆通往幸福道路上最大的絆腳石，而幸福偏偏是我唯一在乎之事？

自：吾兒啊，所有人類注定不幸，就如我之前所言，當中過錯全然不在於我。但在這種普世慘境裡，在人類所有歡愉、喜悅的無窮無盡虛無當中，榮耀是受最多人認定為生命中的至善，是野心與疲倦最值得的對象。因此，催促我盡己所能協助你達致這種榮耀的並非恨，而是一種格外的親切。

靈：告訴我，在您提過的各種動物中，有沒有哪種比人類還更缺乏生氣和感受性？

自：全部都是，或多或少，當中又以草食動物最缺乏。人類身為當中最完美的動物，相較於其他生物，生命力及思想力量又最為強大。

靈：那麼，如果您愛我，就把我放在最不完美的存在物當中吧。如果不可行，至少把這種恐怖的傑出能力從我身上取走，讓我成為你創造過最愚蠢而沒有感覺的靈魂吧！

自：既然你拒絕了我原本能給你的不朽，我能滿足你的第二個要求，也會照辦。

靈：比起不朽，我更想求您將我的死期提前，越早越好。

自：我會跟命運商量商量。

VII.

地球與月亮的對話

Dialogo della Terra e della Luna

地球：親愛的月亮，我知道你能像人類一樣說話跟回應問題，我從許多詩人那兒都聽說了。而且，我們的孩子說，你真的有和常人一模一樣的嘴巴、鼻子與眼睛，他們全都親眼見到了；他們那年紀眼睛應該還很銳利。至於我呀，你一定知道我就是個人；當然了，我還年輕那時有很多孩子，所以你聽到我會說話，應該不至於太震驚。至於我為什麼雖然身為你的鄰居、卻不知有幾百年沒跟你吐露過隻字片語？我的好月亮啊，因為我實在忙到沒時間閒話家常。不過，現在我的工作實在微不足道，他們能照顧好自己。我不知道還能做點什麼，也已準備好會因太過無聊而死了。所以，希望我們未來能更常說說話；我也該知道有關你的一切，要是你不嫌麻煩願意說的話。

月亮：沒關係，放輕鬆。但願命運比你還更不找人麻煩！放心說，雖然我相信你知道我生性比較安靜，但還是很樂意看在你的份上傾聽、回話。

地：你聽見天體運行的美妙聲音了嗎？

月：老實說，我什麼都沒聽見。

地：我也沒聽見。我只聽到在極點與赤道間往返的呼嘯風聲，那根本稱不上音樂。但畢達哥拉斯宣稱，天球轉動時會發出一種難以置信的甜美和聲，而你正是演奏這種樂音的樂手之一，你是整座宇宙豎琴的第八個和弦音。至於我，我已經被自己的噪音弄聾了，根本聽不見其他聲音。

月：那我可能也聾了，因為除了你之外，我也聽不到其他東西。不過，得知我自己是個和弦音，還真是新鮮。

地：那就換個話題。告訴我，你真的像從奧菲斯（Orpheus）到德・拉蘭德[1]等成千上百位古今哲學家堅信的那樣，有人住在上頭嗎？雖然我使盡伸展我的犄角——人類稱它是山岳丘陵——在那些峰頂上靜靜看著你，我始終看不出你上頭有任何居民。

／／／

1．德・拉蘭德（Jérôme Lefrançois de Lalande, 1732-1807），法國天文學家。

但我又耳聞，有個名叫大衛．法布里奇烏斯[2]的人，他的眼睛比林寇斯[3]還銳利，宣稱曾看到你上頭有人在曬衣服。

月：我不知道你有那些犄角。我承認，確實有人住在我上頭。

地：那些人膚色如何？

月：哪些人？

地：你收留的那些人啊。你不是說有人住在上頭嗎？

月：是啊，那又如何？

地：還是說，你上頭住的全是動物？

月：既非動物也非人，雖然我還真不知道這兩種東西的天性有什麼差別。至於你問起的人，我還真沒頭緒。

地：那你上面住的是什麼樣的生物？

月：各式各樣，但對你來說應該陌生；正如你上頭的居民對我而言。

地：太奇怪了，要是你沒親口說到此事，我大概永遠不會相信。你有被你的任何居民征服過嗎？

月：就我所知沒有。不過，他們要怎麼征服？為了什麼？

地：出於野心與嫉妒；以外交與武力為手段。

月：我不太清楚武力、野心跟外交是什麼意思。我還真的完全聽不懂你在說什麼。

地：但你就算不了解武力是什麼意思，一定也知道一些關於戰爭的事；因為不久之前，某個博士透過望遠鏡——一種用來看到遠處的儀器——發現你上頭有一座精美的城池，帶著體面的碉堡。這總該是你上面的種族打過圍城戰的明確證據吧。

月：請原諒我，地球大媽，我最後可能會回答得有些僭越。但老實說，你似乎是在徒勞地想像這世上所有事物都是貼著你那些東西的心意走；好像自然除了把你的一切精準複製到其他地方之外，就沒別的想法了。我告訴你我上頭有住人，你立刻斷言他們是人類。我說他們並不是人，還表明他們是其他種族，你就把類似於你

／／／

2．法布里奇烏斯（David Fabricius, 1564-1617），德國牧師，天文學家。他確認了太陽黑子的存在，以及黑子在光球表面的移動。

3．林寇斯（Lynceus）是神話中阿爾戈艦上以傑出視力聞名的人物。

子民的性質跟習俗投射到他們身上。你也提到某個博士的望遠鏡。不過，在我看來，這些望遠鏡的視力顯然就跟你的孩子們一樣厲害——竟然還能發現連我都不知道自己有的眼睛、嘴巴跟鼻子。

地：所以，你的地面就沒被細細長長的路分劃出行省，也沒有種植作物囉；這些可都被德國來的望遠鏡看得一清二楚呢。[4]

月：我不知道自己上頭有種植作物，也從沒見過上面的道路。

地：親愛的月亮，你也知道我粗枝大葉，思路簡單。難怪人類總是輕而易舉就騙過我。但我向你保證，就算你上頭的居民無心征服你，這種禍害你也絕對無法倖免；我這兒歷朝各代的人都想開墾你，還為此做足了準備。有些人企圖在我的最高點上踮腳伸手想觸著你。而且，他們也仔細研究了你的表面，畫出上頭的國家地圖。他們也知道你的山稜有多高，甚至還知道這些山的名字。我可是完全出於好意才警告你，這樣你才好為任何緊急狀況預做準備。

現在，請准我再問你一兩個問題吧。你是不是常被對著你吠的狗搞得心煩？對那些向你展示井中另一顆月亮的人，你怎麼想？你是男還是女——因為古人對此意見分歧。[5] 阿卡迪亞人[6] 果真比你更早來到這世上嗎？你上頭的女人、或我應該怎麼稱呼都好，是卵生的嗎？她們是不是偶爾會朝地球下蛋？你是否跟某個現代哲學家相信的一樣，像顆打洞的珠子？你是不是真像某些英國人說的那樣，是綠霉乳酪做的？穆罕默德是不是某天深夜把你像西瓜一樣剖成了兩半，而你身體有好大一塊掉在他的斗篷上？你為什麼喜歡停在清真寺的塔尖上？你覺得古爾邦節[7] 如何？

月：你可以繼續問下去。我不會回答這種問題，也不會違背我沉默的天性。你要是只想盡說些無關緊要的東西，除了我壓根兒不懂的事情之外找不到其他話題可聊，那麼，你的子民最好自己去打造一個繞著他們轉的星球，好讓自己能恣意設計跟

／／／

4．一八二四年三月，德國報紙刊出德國天文學家葛羅特胡森（Franz von Gruithuisen, 1774-1852）聲稱有此發現。
5．月亮也被奉為月神，多屬陰性，但在德語名詞中的性別卻為陽性。
6．阿卡迪亞人（Arcadians），方舟遺民，古代博羅奔尼薩地區中部的原始住民。
7．古爾邦節（Kurban Bairam）在伊斯蘭曆每年的十二月十日，意為宰牲節。

殖民。你好像除了人類之外就不能說點別的——還有狗啊什麼其他諸如此類的。我對於這些東西的了解，就跟我聽說關於太陽繞的那個大圈一樣少。

地：我的確是越想迴避私人問題，就越無法絕口不提。不過之後我會更小心的。那麼告訴我，你把我的海水拉起又放下時覺得好玩嗎？

月：大概吧。但如果我做了這個或其他什麼，也純屬無心之舉。倒是你，我總覺得你似乎從未想過你在潮汐現象上造成什麼影響，你的尺寸和力量都比我強大，在這件事上扮演的角色也更重。

地：我對這些影響一無所知，只知道我偶爾會從你這裡截走太陽的光，也截走你散發的光；我還照亮你的晚上，我偶爾看得相當明顯。但我忘了一件最重要的事。我想知道亞里奧斯托[8]說得對不對。他說，人類失去的一切，諸如青春、美麗、健康、活力，還有為了追求榮耀、教養小孩、建立推廣實用制度所花掉的錢，全都飛去你那邊了。所以你擁有人類掛心的一切——除了愚蠢，愚蠢從未離開人類心靈。如果以上皆屬實，我猜，你上頭一定擁擠到沒剩多少空間，尤其人類最近丟掉好多東西（像是愛國心、美德、大方、正直），不像以前只有一部分人類或一個丟掉，現在反而全人類都將這些丟光了，毫無例外。如果你確定上頭沒有這些東西，那我還真不知道它們能跑哪兒去。但要是你有，希望我們能達成物歸原主的協議。我想，這些東西對你也是極大負擔，尤其按照常理看來，我能理解這些東西讓你太擁擠了。你要是歸還這些失物，我能想見，人類每年一定會付你一筆金額可觀的錢。

月：又是人類！雖然你說愚蠢還沒離開你的轄區之外，你卻仍把我當成徹底的傻子，不論我有什麼好處，你都想奪去供應你子民的不足。我不知道你的這種好處在哪裡，也不知道是否能在全宇宙中覓得。我深知那些東西不在我這兒，就跟你不斷提到的其他東西一樣不在。

地：至少，你可告訴我你的居民聽說過惡行、犯罪、不幸、痛苦與衰老；簡單來說——邪惡嗎？你懂這些名詞嗎？

／／／

8．亞里奧斯托（Ludovico Ariosto, 1474-1533），義大利文藝復興時期詩人。

月：是的，我充分理解這些詞彙，而且遠超過詞彙本身。我充滿的就是這些東西，沒別的。

地：你的子民當中是善人還是惡人多？

月：惡人，而且數量勝出許多。

地：主導他們生活的是愉悅還是痛苦？

月：痛苦壓倒性地主導。

地：你的住民大多是幸福或不幸？

月：相當不幸福，不幸到我甚至不想把自己的福氣跟他們當中最幸福的那個人交換。

地：這裡也是。我們怎麼會在其他話題上老是那麼南轅北轍，卻在這個話題上達到共識。

月：我跟你形狀很像，我像你一樣自轉，也被同一顆太陽照耀。你我在這些地方上相似已是再美好不過，就別再慶幸我們共有的短處；因為邪惡在這宇宙中、或至少太陽系中的每顆星球都是稀鬆平常的，就跟這些星體都是球形、都會運動、都能發光一樣稀鬆平常。如果你說得大聲到能讓天王星、土星、或其他星球聽到，去問他們上面有沒有不幸、是愉悅還是痛苦主導著居民的生活，每顆星球的答案都會和我的一樣。這是我的經驗談，因為這些問題我老早就問過偶爾會更趨近你的金星與水星。我也問了某些曾經過我身旁的彗星；他們的回答如出一轍。我確信就連太陽和其他恆星也都會給出一樣的回應。

地：我還是相當懷抱期待的。我相信人類未來能許諾我眾多幸福。

月：你就自顧自地希望下去吧。我的回答是，你一輩子都休想。

地：哈！你聽到了嗎？我的人類跟動物都在仰天長嘯。我跟你說話的這一面是夜晚，他們一剛開始都睡著了。不過，多虧了我們的對話，大家現在全醒來，而且還嚇壞了。

月：你看，這裡，在另外一邊，白晝已經來臨。

地：是的。現在我不想驚動我的子民或打擾他們安眠，因為這是他們擁有的最好一面；且讓我們把對話延到下次有緣再相見時吧。再會了，祝你有美好的一天。

月：再會。晚安。

VIII.

普羅米修斯的賭注

La scommessa di Prometeo

在朱威轄下八三三二六五年，繆斯學院印行了一篇聲明，公布於天人國(Hypernephelus)市區與郊區廣場。這些聲明邀請古來晚近曾創造出值得嘉許的發明的大小諸神以及城中居民，以實物、模型或是敘述參賽，將他們的發明上繳給學院提名的幾位評審評判。儘管學院遠近馳名的捉襟見肘，使他們難以表現發自內心的慷慨大方，他們還是保證將頒給發明出獲評為最精美、實用創造物的參賽者一頂桂冠。學院還准許優勝者不分晝夜、公私或城鄉，都能戴著這頂冠冕；他獲允可在眉頭上頂著這只勝利的標記，受人描繪於肖像、雕刻、塑像、還是其他什麼媒材都好。

不少神祇參與了這項競賽，只為消磨時間——這對天人國的公民來說是不可或缺的活動，就有如其他城鎮的居民。諸神並非真心為了爭奪冠冕而來，對他們而言，那頂桂冠與棉質睡帽的價值相去無幾；至於獲獎的榮耀，如果就連人類只要一成為哲學家也都能棄榮耀如敝屣，那麼，不難想見掌控這種幻影的神、比最富智慧的人類還更智慧許多的神，對榮耀會有何評價——就算祂們如畢達哥拉斯與柏拉圖所堅稱的那樣，並非智慧的壟斷者。

獎項在決定頒布給最傑出的參賽者時，史無前例地獲得一致通過。評審過程也未受任何不公因素施壓，諸如偏袒、私下承諾或是造假等等。有三位競賽者從中獲選：發明葡萄酒的巴克斯（Bacchus）.，發明橄欖油的米涅娃（Minerva），諸神每日沐浴後都愛抹上一抹；設計出一種銅鍋的沃坎（Vulcan），這種銅鍋讓烹飪時僅須一點小火就能迅速導熱。由於如此一來勢必得將獎項均分成三份，優勝者每人會只剩一小枝的桂冠可得。不過，祂們三人全婉謝了這頂桂冠——不論那桂冠是殘缺或完整。沃坎說，由於他必須長時間站在煅火旁，滿身大汗、使盡渾身氣力，眉毛上要是有個累贅，對他來說實在心煩；再者，要是有些火星灑落在桂冠乾燥的葉子上，還可能整頂烤焦或著火。米涅娃則推託道，她已經戴著很大一頂頭盔了——正如荷馬所說，能蓋住一百座城市的聯軍那麼大——要是再添上任何重量，都會顯得更加礙手礙腳。巴克斯無疑才不想把自己以葡萄葉編成的花冠換成月桂，儘管他很樂意收下這頂桂冠，當成自己酒館的招牌掛在店門外；但繆斯們拒絕讓巴克斯將桂冠挪作此用。這頂桂冠最終只得留在學院公庫中。

其他競爭者對這三位成功的神祇毫無妒忌，對頒獎結果既毫無怨懟，也無意翻案——唯獨普羅米修斯例外。這位神明帶著他曾用來創造第一個人類的黏土模子參賽。連同這個模子還有一些說明了人類特質與功能的文字。普羅米修斯對此事所流露的悔恨引發了不小震驚；因為其他眾神不論優勝者或淘汰者，都認為整起競賽不過是個小玩笑。但細問之下才發現，普羅米修斯執著地想得到的並非榮耀，而是伴隨成功而來的優越感。有些人認為，他只是想用桂冠擋頭，免受風暴吹襲；就像傳說中提比略[1]每聽到雷聲就戴上桂冠那樣，因為他認為月桂防雷。然而這個猜想不攻自破，因為天人國從沒有打過雷或見過閃電。其他人稍微理性一些，認為普羅米修斯是因為年紀大了，開始謝頂，並為此脫髮糗事深感困擾，一如其他也有此困擾的凡人（他們要不是沒讀過辛奈休斯〔Synesius, 373-414〕的〈禿頭頌〉，要不就是沒被說服）。他想學凱撒把光頭藏在葉冠下。

但實情應該是這樣的。普羅米修斯某天與摩墨斯[2]尖酸地抱怨，眾神和人類——這種他說是宇宙開創以來神明最完美的成就——相較之下，竟然還更偏愛葡萄酒、橄欖油和銅鍋。不過由於普羅米修斯無法徹底說服摩墨斯，摩墨斯還提出好幾個理由反駁他的論點，兩人打算就此話題下個賭注。普羅米修斯建議，他們應該一起下凡一趟，在世上五洲各隨機挑選能見人煙的地點降落，如此就能知道，能支持人類作為宇宙最完美造物的最終論據——不論是全然證實、或僅能證實絕大部分觀點——究竟存不存在。摩墨斯接受了這個賭注，下好離手，刻不容緩地前往人間。他們先是來到了新世界，從這名字以及尚無神明涉足該地的事實看來，新世界大大地激發了兩人的好奇心。

他們在波帕揚[3]北部，距離考卡河（Cauca）不遠、有著各種人類棲居跡象的地方登陸。那裡有些耕種痕跡，地面道路到處支離破碎，難以通行，樹木遭人砍伐，四處橫倒，有些遺跡看似墳墓，人骨四散各處。然而儘管兩位天人全神聆聽、眼觀八方，卻是既沒聽到任何聲音，也不見任何活人蹤影。祂們繼續趕路，又走又飛了數哩，越過高山河流；祂們在各處都發現人類棲居的痕跡，卻也發現一樣的死寂。

／／／

1．提比略（Tiberius, 42-37 BC），羅馬帝國的第二任皇帝。
2．摩墨斯（Momus），挑剔、挖苦與諷刺之神。
3．波帕揚（Popayán），哥倫比亞首都。

「這些地方雖然看來肯定曾有人住過，」摩墨斯對普羅米修斯說道，「但現在怎麼都一片荒涼？」

普羅米修斯提到海嘯、地震、狂風或暴雨，他知道這些災害在熱帶地區是家常便飯。當然，他們遠遠就聽到鄰近雨林中傳來雨滴從受風撼搖的樹枝上不斷低落的聲音，這似乎坐實了普羅米修斯的說法。

但摩墨斯不解，為什麼此地離海那麼遠，遠到四面皆不見海，還會遭受海嘯襲擊。他也不解，為何地震、狂風與暴雨毀滅了此處的人類，卻唯獨放過美洲豹、猿猴、螞蟻、老鷹、鸚鵡、以及圍繞在人類周遭其他成千上百種的鳥獸蟲魚。

祂們最後降落在一道偌大的峽谷當中，發現一小撮覆蓋著棕櫚葉的房舍或木屋，四周被欄杆圍住，活像監牢。一群人在一間屋子前或站或坐，圍聚在一口掛在大火上的土鍋邊。

兩位天神化作人形，接近人群，普羅米修斯客氣地向他們打了招呼，向看似領頭者詢問大家在做什麼。

野蠻人：吃東西，如你所見。

普羅米修斯：你們在吃什麼好東西？

野：只是一點肉。

普：是你們養的還是打來的？

野：養的。老實說，這是我兒子。

普：什麼！難道你跟帕西淮[4]一樣，養了一頭牛當兒子？

野：不是牛，不過是一個跟其他小孩一樣的小孩。

普：你是認真的嗎？你在吃的竟然是自己的骨肉？

野：我自己的？才不是。但當然是我兒子的骨肉啊？不然，我生他養他做什麼？

普：做什麼！就為了吃他？

／／／

4．帕西淮（Pasiphaë），神話中的牛頭人米諾陶（Minotaur）之母。

野：為什麼不吃？要是他媽不能再生育，我也會把她吃掉。
摩：就像吃了母雞下的蛋，同時也要吃了那隻下蛋的雞。
野：只要不能繼續替我生孩子，我也會吃掉其他女人。而且，要是我的奴隸不能時不時生些小孩讓我吃，我為什麼還要留他們活口？不過，要是她們老了，我還活著，我也會把她們一個接一個吃掉。
普：告訴我，這些奴隸是來自你自家部落，還是別的部落？
野：別的部落。
普：離這裡很遠嗎？
野：相當遠。有條河把他們的寨子跟我們的分成兩邊。

野蠻人指向一座小丘，補充道：他們以前就住在那兒，但我們的人已經毀了他們的住所。

同時，普羅米修斯覺得周圍許多野蠻人似乎正對他投以某種欣賞的眼光，就像貓看著老鼠。為了避免被自己的作品吃掉，祂倏地揚起翅膀，摩墨斯隨後跟上。兩人因為太過害怕，起飛時還不小心飛得好像衝向用餐中特洛伊人的哈皮一樣。不過，比起埃涅阿斯的同伴，食人族卻多了幾分胃口、少了幾分興致，他們只是繼續那駭人的進餐。[5]

普羅米修斯對新世界相當不滿意，隨即轉往亞洲，比較老的那個世界。祂們幾乎在一瞬間就橫跨過東西印度，降落在阿格拉（Agra）附近一處可看到許多人口的地方。這些人圍聚在火葬柴堆旁，手持火把的男子站在旁邊，準備點燃；柴堆平台上有個裝扮奢華、戴著各式蠻夷飾品的年輕女子，跳舞喊叫，展現出最具活力的喜悅。普羅米修斯看著這位女子，心中想像的是第二個盧克麗霞、維吉尼亞，或某些伊瑞克修斯之子、伊菲革妮亞、科德魯斯、梅內修斯、庫爾修斯、或戴修斯的模仿者，[6]是為了自己

5．希臘神話中，埃涅阿斯（Æneas）帶領的特洛伊士兵受到詛咒，在他們準備用餐時就會遭受哈皮（Harpy）的攻擊。哈皮為一種人頭鳥身怪物，會將人的食物搶去之後又在上頭排遺。

6．盧克麗霞（Lucretia）、維吉尼亞（Virginia）、伊瑞克修斯（Erectheus）之子、伊菲革妮亞（Iphigenia）科德魯斯（Codrus）、梅內修斯（Menecius）、庫爾修斯（Curtius）、戴修斯（Decius），以上皆為古希臘神話或古羅馬歷史上自我犧牲的人物。

的國家、或某些神諭的意志而準備犧牲自我。得知該女子不過是因為丈夫過世就準備赴死時，普羅米修斯心想，她就跟阿爾克斯提斯[7]一樣，想用自己的命讓丈夫起死回生。大家告訴普羅米修斯，這個女子正準備自焚，這不過是一種對待像她這樣種姓寡婦的習俗；這個女子痛恨她的丈夫，現在還喝醉了，而且她死去的丈夫也不會因此復活，而是會跟她在同一堆火裡燒了。普羅米修斯一聽此言，忽然就背對人群，前往歐洲。在前往歐洲的途中，普羅米修斯與他的同伴展開了如下對話。

摩墨斯：你認為，既然有些人類會以火煮食裝在鍋中的另一個人類，還有些甚至會主動自焚，你當初為人類盜取天火所冒的風險，難道都值得嗎？

普羅米修斯：當然不值得！但想想，親愛的摩墨斯，我們目前為止所見的都是些野蠻人；我們不能從野蠻人、而是該從我們等會兒就會看到的文明人身上論斷人類天性。我有個強烈預感，在我們等等會看到的事物和聽到的話語中，必定會有些讓你又驚又喜的發現。

摩：我倒不這麼想。人類若是宇宙中最完美的種族，那為何還需要受文明教養，好讓他們不把自己給燒了，或吃掉親生骨肉。其他動物雖然未經開化，但也沒見過當中有那隻會存心自焚的——除了鳳凰，但牠是傳說中的動物。動物也鮮少會吃掉同類，更不可能因為有了任何變故，就以自己的子嗣為食；他們也不是為了食用才特地繁衍後代。我了解這世界分成五個部分，只有最小的那個擁有被你讚譽有加、唯獨少數人擁有，甚至還不算完整的文明教養。你自己也不敢冒險宣稱，今日的文明程度已經高到巴黎人或費城人都已達到完美可能的最高境界。況且，他們是耗費了多少時間才達到今天這種不完美的文明狀態？根本可說就是打從這世界誕生到現在的這麼多年。再說，幾乎所有對文明發展有偉大用途或重要性的發明，都是偶然蹦出來的，並非人類有意為之。於是，人類之所以出現文明不過是因為機運，而非天性；那裡還是不會有機會，裡邊的人也仍會是野蠻人，只是存

///

7．阿爾克斯提斯（Alcestis），古希臘女性人物，曾代替罹病的丈夫受死，但被人救回。

活的世代跟文明人一樣久。

於是我如此推斷：野蠻狀態中的人類還比其他動物低劣好幾等。跟野蠻相較下，就連時至今日也僅有一小部分人類具備文明；這些特權之士演進到他們現存的文化狀態，也是費了許多時間，而且靠的不是別的，不過是運氣；最後，現存的文明狀態並不完美。所以，想想你對人類的這個看法，是不是換種表達會更好：人類是各物種中的巔峰造極之作，只不過，致勝項目是缺陷，而非完美。這個論斷也不會影響某些人藉著說話推論，不斷混淆完美與不完美，以他們自認顯而易見的真理，實為先入為主的觀念進行爭論。人類之外的其他各種物種，無一不是打從一開始就處於一種完美狀態中。而且，既然野蠻狀態中的人跟其他動物相較顯然不受青睞，我不明白，為什麼一種自然而然成為所有物種當中最不完美的存在——就像人類看起來這樣，應該要被認為比其他物種優越。

再說，人類文明這麼難得，也幾乎不可能完美，這也就沒那麼穩固到不能退化。事實上，我們發現人類文明已經退化過好幾次，這就發生在那些一度擁有高度文化的人類當中。

結論是，我認為你弟弟埃匹米修斯[8]還比你更應該得到那頂桂冠大獎，因為他把世上第一頭驢子還是第一隻青蛙的模子呈給了評審。然而，我在「人類的完美」這件事上，還是相當同意你的——只要你肯承認人類的傑出是屬於普羅提諾[9]世界觀裡的那種傑出。這位哲學家說，世界本身無比完美，但也完美到能包容各種想得到的邪惡。從類似的觀點出發，我大概也會同意萊布尼茲[10]所言，現下的世界是所有可能的世界當中最好的一個。

普羅米修斯毫無可能準備出一個既扼要又關鍵的回應來反駁這些理由。但很確定的是，普羅米修斯耳聞此言卻面不改色，因為就在此時，他們已經在倫敦上空。兩位神祇一落地，就看到一大堆人正往一間私人宅邸大門衝去，於是他們混入人群，進入

／／／

8．埃匹米修斯（Epimetheus）名字意為「後見之明」，而普羅米修斯之名則意為「先見之明」。
9．普羅提諾（Plotinus, 204-270），新柏拉圖學派最著名的哲學家。
10．萊布尼茲（Gottfried Wilhelm Leibnitz, 1646-1716），德意志哲學家、數學家。

那棟建築。他們在屋內發現一名男子已死去，胸部中了一槍，遺體平攤床上。他右手緊握手槍，身旁躺著兩個小孩，也都斷氣了。這幢宅邸中有好幾個人都在這房間裡接受法官訊問。一旁公務員抄錄下他們的回答。

普羅米修斯：這些不幸的人是誰？

僕人：我的主人跟他的孩子們。

普：誰殺了他們？

僕：主人自己殺的。

普：什麼！你是說，他殺了自己的孩子後又殺了自己？

僕：是的。

普：唉呀！他為何這麼做？想必是有些巨大的不幸降臨在他身上。

僕：我對此一無所知。

普：或許他很窮、或遭眾人鄙視、感情不順、或是官場失勢。

僕：恰好相反。他相當富有，我相信大家都這麼認為。他才不管兒女情長，而且在官場上也相當得勢。

普：那他為何還做出這種事？

僕：他厭倦人生了——他留下的字條是這麼寫的。

普：那些判官在幹什麼？

僕：收集證物，想知道我的主人是不是瘋了。除非證明他確實瘋了，否則他的家產都要依法充公。說實在，我們也沒辦法不讓他們拿走他的家產。

普：可是，他難道沒有親戚朋友能託養小孩，而不是就這樣殺掉孩子嗎？

僕：有，他有。尤其有位朋友還受託收養了他的狗呢。

摩墨斯正準備要就文明的良好影響，和與人類生活看來密不可分的幸福向普羅米修斯道賀。他還想提醒普羅米修斯，除了人類之外，沒有動物會心甘情願殺了自己，或是在絕望感驅使下順手奪去自己子嗣的性命。但普羅米修斯搶先一步要他就此住嘴，接著立刻付清賭注，也不打算再去造訪世上那剩下的兩個部分了。

IX.

自然哲學家與形上學家的對話

Dialogo di un fisico e di un metafisico

自然哲學家1：我發現了！我發現了！

形上學家：什麼？你發現什麼？

自：長生之道。

形：你手上那本書又是什麼？

自：這本書闡述了我的理論。我的創見將為我帶來我永恆的生命。其他人也許能活得長長久久，但我卻能永生。我是說，我能得到不死神明的封號。

形：聽我的勸，去拿個鉛匣來，把書放進去，埋了它，在你的遺囑上暗示這書的可能去向，告訴你的後人，在發現人生的快樂之道前，都別把匣子挖出來。

自：所以？

形：所以你的創見可說毫無益處。它傳授的若是短命之道還更好。

自：短命之道早已流傳千古，況且，要發現短命之道又不是什麼難事。

形：不論你怎麼想，我偏愛短命之道更勝你的學說。

自：為什麼？

形：生命要是就像長此以來那樣不可能快樂，那忍耐的時間最好短一點，而不是拖磨得更久。

自：不，不。我跟你的看法不同。生命本質上是善的，自然而然也受所有生物渴望和珍視。

形：人類也是這麼想，但大家全被騙了。我說個類似的道理，人也會將顏色想成是有色物體的屬性來自欺；但顏色事實上並非物體本身的性質，而是光線的性質。我認為，人所珍視且渴望的，無非只是自己的快樂。因此，人之所以熱愛生命，唯一可能是因為將生命當成獲取快樂的手段，或導致快樂的原因。所以人熱愛的永遠都只是快樂，而非生命；儘管人常將對快樂的感覺歸因於生命。這種快樂的幻

／／／

1．原文作 fisico，指物理學家，應理解為在古希臘意義下以推論與玄想為方法的物理學家。

覺與物體顏色的幻覺皆屬自然，但藉此證明人天生熱愛生命，這可就不自然了——這毋寧毫無必要，你只要想想看，有多少遲暮之人寧可死去也不願苟活就知道。當今世道有太多人三不五時就想尋死，有些人還真成功地了結了自己。人類如果生而熱愛生命，那種事情才不可能發生。相反地，熱愛快樂才是所有生物與生俱來的傾向；當然了，在他們不再熱愛、而且開始窮究快樂的所有可能形式之前，這世界早就先一步滅亡了。至於你宣稱生命本質上是善的，我就這一點向你挑戰；你就用任何論證去證明你所言不假，不管是物理學的或形而上的。我的立場是，快樂的生命無疑是善的，但那純粹是因為快樂所致，而非生命本身。不快樂的生命因此是惡的；因為人類生命注定與不快樂密不可分，我就留點空間讓你做出結論。

自：你行行好，我們換個話題吧。方才那話題太感傷了。你就坦率回答我一個問題，不用多想。如果人能長生不死——我是說，在此世長生不死，而非在死後——難道你不認為他這樣就會快樂嗎？

形：且容我以一則寓言回答這個問題，況且我也未曾嘗過永垂不朽的滋味，無法以個人經驗回答；此外，我也無緣結識任何一位不死神靈，他們的存在只是傳說。既然據傳卡利歐斯楚[2]活了好幾個世紀，他要是還活著，或許還能給你些許啟發。不過，他現在也死了，一如跟他的同輩。

說回寓言吧。智者凱龍[3]，一位不死的神祇，祂最終厭倦了自己的生命，於是請求朱威賜他一死。朱威准了，所以凱龍死了。如果永生不死就連對天神也會造成這種效果，若發生在凡人身上，還能是怎麼回事？越北民[4]因為他們的國家無法循海路或陸路到達，是一支難以親身認識、卻又名聞遐邇的民族。據說，他們的生活相當豐饒、富足，境內還有一種異常美麗的驢子，專用於犧牲獻祭。越北民擁有長生不死的體質——除非我記錯——向來也不知疲倦、憂煩、戰爭、口角

／／／

2．卡利歐斯楚（Alessandro Cagliostro, 1743-1795），十八世紀術士 Giuseppe Balsamo 的假名，在歐洲各皇室之間展示通靈、鍊金術、預言等神通。

3．凱龍（Chiron）希臘神話中半人半馬的神祇，是多位希臘英雄的導師。凱隆被海克力士誤傷，身受九頭蛇毒，但因為不死之身，只能日日承受劇毒折磨，最後央求宙斯讓他以永生換取普羅米休斯的自由，自己也得以一死。

4．越北民（Hyperborean），希臘神話中相傳有一支種族，住在比北風之神 Boreas 住處還北邊之地，故稱 Hyper-borean。

或罪愆為何物。然而我們都知道，在歷經數千年的生命之後，他們最終全都一個接一個站上某顆岩石，跳海將自己溺死。還有另一則傳說。比同（Biton）和克琉比斯（Cleobus）在某個慶典上，因為拖車的騾子還沒備妥，於是自告奮勇拉了他們母親——一位事奉朱諾[5]的女神官——的座車，把她載往神廟。女神官深受兩個兒子的奉獻所感動，便請求朱諾看在孩子倆孝順的份上，將凡人所能得到的最好贈禮賞賜給他們。女神於是讓這兩兄弟在一小時內平靜安祥地死去，而不是賜與凡人渴望的長生不死。

同樣的故事也發生在阿嘉美德（Agamede）與特洛馮尼烏斯（Trophonius）身上。造完德爾菲（Delphi）神廟後，兩人向神廟主神阿波羅祈求酬賞。太陽神要他們靜候七日，七日後他就會發落獎賞。就在第七天夜裡，阿波羅賜予他們安眠，永遠不再醒來。他們對於自己所得的酬賞相當滿意，沒有任何後續要求。

關於這些傳說的主題，我還有一則故事，能引出一個希望你能回答的問題。我知道，你和你的同僚認為，人類的生命普遍具有平均長度，就像一種通則，認為在所有國家與所有氣候帶中都應如此。但老普林尼[6]告訴我們，在印度與衣索比亞某些地方，男性壽命不過四十，在這個年紀死去的人還會被視為垂垂老矣。他們的兒童七歲就結婚：這個陳述在幾內亞、德干[7]、以及其他熱帶地區的習俗中都已獲證實。現在，這些人倘若真無法活過四十歲（而且是因為一種自然的極限，而不是出於人為因素），我請問你，你想他們的命運應該較其他人快樂，還是不快樂？

自：毫無疑問，既然他們很快就得死去，當然是悲慘得多。

形：這一點我持反論，但出於完全相同的原因，不過這只是雞毛蒜皮的細節。容我占用一下你的注意力。我否認生命本身——亦即，僅僅做為存在的知覺——在本質上有任何令人愉悅或讓人渴望的要素。我們共同期盼的是另一件事，但也稱為「生命」；我指的是力量，和數不盡的感官知覺。於是，所有活動和強而有力的激情，

///

5．朱諾（Juno）為宙斯妻子赫拉（Hera）的羅馬名字。
6．老普林尼（Pliny the Elder, 23-79）
7．德干（Deccan），位在古代印度南部。

讓生命既非不能苟同、也非痛苦，還同時取悅了你我，這單純是因為「生命」既強大又有活力——儘管「生命」除此之外並未擁有其他令人愉悅的屬性。

現在這些就正常而言壽命只能維持四十年的人類，亦即與其他人相較下，壽命僅有一半的他們，也將能在每一個瞬間體驗到強度是你我兩倍的生命，因為他們茁壯、成熟、衰老的速度正是我們的兩倍快；也因此，他們存在的每一刻能量也應當是你我的兩倍強。這種更高的強度必然對應到更活躍的主動意志活動，也更加鮮明、更具生氣。於是，他們在更短的時間內體驗到了跟你我等量的「生命」。這些受眷顧的人在世上不過存在寥寥數年，卻如此充實，充實到不會出現絲毫感受的真空；然而等量的「生命」卻不足以用來填滿一段兩倍長的壽命。他們的行動與感官知覺分散在如此有限的時空中，剛好占據全部的存有；但你我相形之下更長的壽命，卻往往只是被拖延、毫無行動與生命激情的時間間隙切分掉。既然存有本身除了能帶來幸福之外，完全沒有令人心生嚮往的可能；再者，好運與厄運並不能以我們活過的時光多寡來衡量；那麼，我的結論便是，那些比我們短命的人，生命卻比你我富含更多快樂，或是其他可被視為快樂的事物。他們的生命因此也比你我的，甚至比那些相傳活了數千年的亞述、埃及、中國、印度或其他國家的遠古帝王更勝一籌。因此，比起追求永生，我寧可把自己拿去餵魚——雷文霍克[8]就相信，魚類只要不被人或其他水族吃掉，都能永生不死。與其為了延壽而延緩肉體的自然進程——像是莫佩爾蒂[9]主張的那樣——我寧願加速這個進程，直到生命長度短得如同蜉蝣；蜉蝣雖然大多數生命不過一天，但到死前卻能成為超過三代的祖輩。如果能得如此短命，起碼無暇感到困頓。你認為我的推論如何？

自：不太能說服我。我知道你熱愛形上學，但我支持的是物理觀點。對我來說，以簡單的常識反對你的詭辯便已足夠。我還要大膽宣稱——不必借助顯微鏡——生命優於死亡。就兩者判斷高下，不待它們為競賽寬衣解帶，我自然會把蘋果頒給生

///

8．雷文霍克（Anton van Leeuwenhoek, 1632-1723），荷蘭貿易商與科學家，有光學顯微鏡與微生物學之父的稱號。
9．莫佩爾蒂（Pierre Maupertuis, 1698-1759），法國數學家、物理學家、哲學家。

命。[10]

形：我也是。然而當我想起某些蠻族習俗：他們每過了不快樂的一天，就往箭筒裡丟一顆黑石頭，若這天過得快樂，就往裡面丟一顆白石頭。我忍不住心想，箭筒主人死後，遺族從箭筒裡找到的白石頭跟黑石頭相較之下是如何少得可憐。我個人會傾向讓所有石頭代表我剩下的日子，並將黑石白石分開，將黑石頭盡數丟棄，只留下白石頭；儘管白石頭的數量遠比前者少得多，但無疑留下全是白的。

自：相反地，許多人會慶幸他們的黑石頭數量增加了，就算這些石頭比自然可能形成的還黑；因為他們對最後一顆石頭的害怕程度，就跟害怕最黑那顆的程度相當。這種人——我就是這種人——若能遵照我書中的指示，絕對能為自己數量普通的石頭再添上許多。

形：每個人都有自己思考與行事的方法。死神當然也有祂的一套。但你若堅持延長人的壽命——對人真正有用的，毋寧是為他發掘一套藝術，去增加他感受性的種類、強度與效果。對人類生命而言，這才是真正的擴充，如此一來，才能填滿那些不如說是植物生命般的時間間隙。你屆時才得意自己實實在在延長了人類壽命也不晚。如此一來，你也無須再追尋一些不可能之事，或是違逆自然法則；你反而只是補強了自然法則。古人的生活雖然有諸多險惡的危機四伏，還大幅縮短他們存有的時間，但他們的生命看起來難道會比我們不充實嗎？

你要是能讓人類的生命更加充實，因而情感起伏更為強烈，那才是真正造福人類——我不會說這是更為幸福的生活，但起碼少了一些不幸。從另一方面來看，若存有當中滿是無所事事與無聊煩悶，足以定義為空虛，那也就一字不差地實現了皮洛士[11]所言的「生死之間無有差別」。若此言為真，我也不該再對死亡懷有一絲恐懼。

但，話說到底，生命若不能鮮活有力，那就不是真正的生命，而死亡也就更為可取。

／／／

10．此處化用希臘神話中金蘋果的故事。

11．皮洛士（Pyrrhus, 318-297 BC），希臘化時代的名將軍和政治家，曾為馬其頓國王。

X.

塔索與幽魂舊識的對話

Dialogo di Torquato Tasso e del suo Genio familiare

鬼魂：啊，托爾夸多[1]。你好嗎？

塔索：以監禁中的標準看來再好不過，也為了不幸忙得不可開交。

鬼：加油！晚餐後不適合憂傷。振作起來，讓我們一起嘲笑你的悲哀。

塔：我不太想。但不知怎的，你現身跟我談話總讓我心情很好。過來和我同坐吧。

鬼：我要怎麼坐下？這對鬼魂來說可不容易。但又如何呢，你就當成我已經坐著了吧。

塔：啊，我想我又看到我的萊奧諾拉（Leonora）了！只要想起她，我就能感受到喜悅的震顫從天靈蓋綿延到腳尖，充斥我全身的神經血脈。我的心靈也為了那道好似能轉化性靈的瞬間想像和渴望而燃燒。我無法想像自己是那個經歷過種種不幸、還時常為自己哀悼的托爾夸多，好像我已經死了。當然了，世間一切阻礙與痛苦往往會襲擊、癱瘓我們每個人的第一天性。這種第一天性偶爾會短暫地甦醒，但隨著我們年歲增長，如此好事也就益發稀罕，總有一天，它將不再造訪，陷入越來越深的安眠。最終，它就死透了，然而你我的生命卻仍持續著。簡言之，對心靈來說，念及一個女子竟然就有如此充足的回春效果，還能忘卻許多麻煩，這實在讓我驚嘆不已。如果我還沒失去與萊奧諾拉重逢的希望，幾乎就會相信自己仍有可能快樂起來。

鬼：你認為親眼見到珍愛的女子與想起她，兩相比較下，何者比較令你開心？

塔：我不知道。她在我身邊時確實就只像個女人；但隔開一段距離，她又像個女神。

鬼：這些女神真是親民呢，在接近你之後瞬間褪去神性，又把那讓凡人為之敬畏目眩的偉大光環收進口袋。

塔：你所言真是再實在不過。可是難道你不認為，女人總證明自己其實與我們想像的天差地遠，這其實是一種重大的缺陷？

／／／

1．塔索（Torquato Tasso, 1544-1595）之名。塔索為十六世紀義大利詩人，人生後期因精神出現問題，多在精神病院休養。他在幻覺發作時，會像蘇格拉底一樣，幻想有一個友善的鬼魂造訪，能和他聊上許久。

鬼：我可不認為那是她們的錯。女人和男人同為血肉之軀，血脈裡流的可不是瓊漿玉液。這世上究竟有什麼東西，其完美程度能及你幻想中的女人千分之一？我比較訝異，你竟然沒因為發現男人不過是男人而震驚——我的意思是，男人是一種既無美德也毫不可愛的生物——既然你無法理解女人為何不是真的就是個天使。

塔：不論如何，我想再見她一面，想得要死。

鬼：冷靜點。你今晚就會夢見她了。我會把她帶來見你，她會和年輕時一樣美麗，性情良善仁慈，你會鼓足勇氣和她說話，比以前還更自在輕鬆。最後她還會領著你牽起她的小手，她的凝視將使你心蕩神馳。而後，當你明天想起這個夢，如此甜美感覺又會流竄在你心中。

塔：真是會安慰人啊！一個夢，而非真實。

鬼：真實是什麼？

塔：對於這個話題，我無知的程度就跟彼拉多[2]一樣。

鬼：好吧，讓我向你說明白。事實或現實，與夢的差別只在於夢更為精緻。

塔：什麼！是說夢中歡愉比現實的歡愉還可貴嗎？

鬼：是的。舉個例子，我知道有個男子在他心上人入夢而來的隔天，會刻意避免跟她見面。他深知不可能在那女子身上找到她曾在夢中顯現的所有魅力，而驅散幻象的現實又只會剝奪他曾在夢中體驗到的樂趣。古人比我們還更努力、且擅長探索這種人類可能擁有的最極致享樂，也睿智地熱衷於使用各種手段實現這種夢中歡愉。畢達哥拉斯也說對了：他禁止門徒在晚餐吃豆類，因為這些蔬菜會導致一夜無夢或睡不成眠。我也能藉此為那些迷信的人開脫。他們喜歡在睡前祈求墨丘里加持——祂是掌管做夢的神祇。他們為墨丘里獻上牲畜，祈求祂賜予快樂夢境，還會將這位神祇的畫像擺在床腳。既然快樂無法在白日生活中實現，大家就往夜裡尋求。我認為，他們某種程度上也算是成功，而且墨丘里報答信眾的心力遠比其他眾神習慣的還多。

塔：可是，人既然活著只為追求身心快樂，這種快樂如果只能在夢裡尋得，那也就是

///

2．彼拉多（Pontius Pilatus）：判處耶穌磔刑的羅馬總督。

說，我們活著除了作夢之外別無目的。我現在實在無法接受這個論調。

鬼：你早就接受了，因此你活著，也因此才願意活著。但什麼是快樂？

塔：我對快樂的認識太淺薄，不足以回答你。

鬼：沒有誰真的認識快樂，因為快樂並非現實，只是概念。它是欲望，而非事物；一種被想像出來、而非被親身體驗的感受；它毋寧只是一種概念，無關感受。你可曾察覺，不論你曾經多麼熱切渴望一種享樂、甚至為此歷經痛苦折磨，在你享樂的當下，你的心靈卻無法從那種快樂中得到完全滿足，而是在期待未來會有更豐富、完滿的享樂？創造出喜悅的是期待。於是你永遠不厭其煩地對某些尚未來到的喜悅抱持信心，那些喜悅在你以為自己正在享受的當下就已消融殆盡。事實上，你擁有的不過是在未來能得到完全滿足的希望，以及想像自己已嘗過某些甜頭的滿足感，還有對他人傾訴這種希望的滿足感——因為與說服自己如此幻覺能成真相比，向他人講述就稍微顯得沒那麼徒勞。於是，每個同意活下來的人都將這種倏忽即逝的夢想當成自己的人生目標。他對已逝的與未來的享樂的真實性深信不疑，但這兩種信念都是錯誤且虛妄的。

塔：那麼，人就不可能相信自己是真的快樂了？

鬼：這種信念如果可能，他的快樂便是真實的。但告訴我：你真的記得你此生可曾有過哪一刻，讓你能發自內心說出：「我很快樂」？你無疑每天都能由衷說出：「我會快樂」；而同樣頻繁、但沒那麼由衷地說出：「我曾經快樂過。」於是，喜悅永遠要不是一種停留在過去的事物，就是仍在未來；不可能是現在。

塔：你乾脆說快樂並不存在。

鬼：看似正是如此。

塔：就連在夢裡都不存在？

鬼：就連在夢裡都不存在——如果就喜悅的真實意義而言。

塔：但喜悅卻是生命的唯一宗旨和目標！這個喜悅的意思是說，應該會伴隨喜悅而來的快樂感受。

鬼：保證是的。

塔：我們的生命既然喪失真正的目標，那麼，應該總有缺憾，而存有本身也就違背自然。

鬼：或許吧。

塔：這種事才沒有什麼所謂或許。但我們為什麼這麼過活？我是說，為什麼我們同意這麼過活？

鬼：我怎麼會曉得？你應該比我更懂。

塔：我保證我什麼都不知道。

鬼：去問一些比你聰明的人吧。說不定他能滿足你。

塔：我會的。但我現在的生活狀態一定相當不自然，因為就算不提我所受的折磨，光是無聊就能殺死我。

鬼：什麼是無聊？

塔：這個我就能以經驗回答你。對我來說，無聊就像是填滿物體之間縫隙的空氣之本質，也填滿物體內部的空洞。當一個物體消失，另一個物體又還沒遞補上來，空氣就會馬上占滿那道缺口。人類的生活也是如此，喜悅與痛苦之間就充塞著無聊。既然物質世界據逍遙學派所言不可能存在真空，人生就不可能也有真空，除非心靈受到外力影響而暫停運作。其他時候，被認為是與身體分離之實體的心靈，總是被某些感受占據。如果心中沒有任何喜悅或痛苦，那就是充滿無聊；因為無聊和喜悅與痛苦一樣是種感受。

鬼：那麼，既然你所有的喜悅都跟蜘蛛網一樣極端脆弱、貧瘠又透明，無聊就是滲進了那道薄網當中，將之浸潤盈滿。我相信無聊不過是對幸福的欲望，當中缺乏喜悅的幻象與痛苦的折磨。這種欲望就跟我們方才所說的一樣，永遠無法完全滿足，因為真正的喜悅並不存在。如此一來，人類的生活可說是由痛苦與無聊交織而成，其中要是有一種感受缺席，也只是為了騰出空位給另一種。這是全體人類的命運，並非你一人獨有。

塔：無聊有什麼解方？

鬼：睡覺、鴉片跟痛苦。最後一個最好，因為受折磨的人沒空感到無聊。

塔：那我寧願餘生都屈服於無聊的淫威下，也不要服用那種解藥。但無聊的威能與力道或許會因行動、工作或其他感受而有所減損；不過這些方法都無法帶來真實的喜悅，所以我們終究無法完全免於無聊；然而我在監禁中，從人類社會中抽離，連寫字的傢伙都沒有，我的娛樂淪落到只剩數算鐘盤指針的滴答響聲，望著天花板上的梁柱、裂縫、釘孔，沉思地面鋪石、欣賞蚊蠅飛過天花板，我實在一刻也無法放下無聊的重擔喘口氣。

鬼：這種落魄生活你過多久了？

塔：好幾個禮拜了，你也知道。

鬼：從第一天到現在，你都沒感受到那壓迫你的無聊有任何變化嗎？

塔：有的。我一開始感受到的比較多。我的心智漸漸也就開始習慣它的一人社會生活；我在孤獨中得到的喜悅越來越多，經過練習後，我極度樂意展開對話——或者說，跟自己聊天。我的腦袋裡似乎有一群很愛說話的人，而且現在就連最微不足道的瑣事也能掀起一場無止盡的談話。

鬼：這個習慣會在你心中逐日成長茁壯，直到當你重獲自由，你在社會中會比孤獨時更感無所事事。習慣已讓你有耐心承受自己的此般人生，同樣的影響不只出現在和你一樣深思冥想的人身上，而是所有人皆然。再說，你被抽離人群，或者甚至能這麼說：從生命本身剝離，這會為你帶來好處。人情世故將會讓你感到噁心厭煩，一如你的傷心經驗，但你終究會開始以滿懷欣賞的眼神——隔著一段距離——

盯著世人看。看在置身孤獨的你眼中，眾生將更顯美麗，也值得付出情感。你會忘記他們的虛華與悲慘，自己承擔起重新創造這個世界的責任，正如你過去所為。因此，你會珍視、渴望、熱愛生命。而且，由於你有朝一日可能、或肯定能重返人類社會，你人生的新篇章將會以孩提時代般的喜悅充滿、快慰你的心靈。

孤獨有時真的會好似青春復返，讓靈魂返老回春，讓想像力重生，讓一個飽經世故的人熱切追求的早年無知印象煥然一新。你現在眼皮沈重、昏昏欲睡，所以我等等就該離開，去準備我答應過給你的那個美夢。於是，你的生命在夢境與幻想中將繼續流逝，除了這持續流逝的事實，你的生命將別無收穫，而這正是生命唯一的好處。加速生命流逝應是你的存有的目標。你太常被迫朝生命靠攏，好似你是用牙齒咬上去；在死亡將你從掙扎中解放出來的那天，幸福將會翩然而至。但說到底，讓你淪落至此的判官在他的宮廷與花園裡度過的時間，也跟你在牢房中度過的一樣煩悶。再會了。

塔：再會了，但你再待一下吧。與你對話總能讓我恢復生氣，雖然那並沒能讓我從傷悲中抽離，但我那幾乎如同月滅星熄暗夜的心靈，在你接近時卻彷彿有曙光乍現，比什麼都能讓我感受到喜悅。現在，告訴我，我該怎麼找你，免得我日後哪天又需要你。

鬼：難道你不知道？我就在每杯醇厚的烈酒裡。

XI.

自然與一個冰島人的對話

Dialogo della Natura e di un Islandese

某日，一位曾旅行過大半個地球、在各地住過的冰島人，發現自己身處非洲中心。正當他穿越赤道要進入一處此前無人涉足之地，他遇上一段類似達伽馬[1]當初曾經歷過的險境——達迦馬航經好望角時，被兩個守衛南海的巨人擋下，阻止他的船進入新海域。[2]這位冰島人看見一座巨大的半身，宛若他之前在復活節島見過的巨大頭像碑。起初，他以為那是一座石像，但當他靠近一看，那顆頭卻是一個巨大的女子，安坐在地，背倚山稜。這是個活生生的人像，瞳孔與髮絲烏黑，容貌兼具莊嚴與恐怖。女巨人直直盯著冰島人良久。最後她開口說道：

自然：來者何人？你來到這個你的同類無人知曉之地，所求何事？

冰島人：我只是一介可憐的冰島人，想方設法逃離自然。[3]我從孩提時代就開始逃離自然，為此去過世上許多不同地方，到現在我還在逃離她。

自：就像松鼠想逃離響尾蛇，終究只會倉皇闖進掠食者嘴裡。我就是你想逃離的東西。
冰：自然？
自：正是。
冰：這簡直如聞晴天霹靂，我想不到還有什麼更悲慘的厄運能降臨。
自：你可能曾以為，只會在我威能所向披靡的國度裡發現我的身影。但你為什麼要躲我？
冰：你一定知道，從我相當年幼起，生活經驗就讓我對生命的虛無以及人類的愚蠢深信不疑。我看到人類汲汲營營搏取不可能取悅自己的歡樂，擁有不可能滿足自己的財物。我看到人類虐待自己，甘受無窮盡的苦痛折磨，但這些痛苦可不像歡愉，痛苦是實實在在的。總而言之，他們越是熱切追求幸福，就越是被幸福遠遠排拒

／／／

1：達伽馬（Vasco da Gama，?-1524），葡萄牙航海家，史上第一個從歐洲航至印度的人，為葡萄牙日後向海外殖民鋪了路。
2：Camoens, Lusiad, canto 5.
3：冰島農業從十七世紀才開始發展，而冰島在里歐帕迪身處的十九世紀初，還是西歐普遍認為開發程度最落後的區域。

在外。種種理由讓我決定放棄苦苦算計，過著平靜隱匿的生活，不傷害他人、不為改善處境而奮鬥、也不與人爭。我對幸福絕望，我認為幸福被上天扣留著，而我唯一的目標就只有保護自己免於受苦。這不是說我膽敢有一絲想放棄工作或勞動的念頭；畢竟單純的疲倦與痛苦之間有著天壤之別，[4]就像平靜的生活與無所事事也大相逕庭。

然而，待我將計畫付諸實行，經驗卻告訴我，要在人群中生活卻能毫不冒犯他人，這想法實在是一大謬誤。雖然我一向優先顧及他人，所有物品也只取最小的那一份，但我在人群間依然得不到平靜，也無法獲得幸福。但我很快就想出解方。只要避開人群，就能免於他們的迫害。我往孤獨尋求庇護——儘管在我出生的島上這很容易。如此一來，我不必繼續活在強迫享樂的陰影下；然而我卻發現，自己仍未完全逃離所有苦難。漫長冬季的酷寒、夏日的猛暑——我國的特色——讓我無法杜絕痛苦的來源。當時我為了保暖而在火邊度過許多時間，以至於遭火灼傷、被燃煙弄花雙眼。不管是在開闊的戶外、或自己小屋中的避難所，我還是飽受痛苦折磨。總言之，我連這得到平靜滿足自己的唯一願望都不可得。奪人性命的風暴、海克拉火山[5]潛在的威脅與持續低鳴、在冰島木造房舍間不斷上演的火災，種種一切加總，都讓我常處於永無寧日的不安心境。在因思考社會公民生活的行動而分心時，諸如此類的內心煩惱雖然看似瑣碎，但在離群索居時就顯得加倍強烈。我忍受各種不便——連同我的存有中絕望的單調——就只為了得到我一向渴望的寧靜。可是我發現，越是讓自己孤立於人群，囿限在個人的小小圈子，我就越無法讓自己免受外在世界的不便與折磨。

於是我決定嘗試前往其他氣候帶與國家生活，看看是否能因此順利在平靜中生活，不傷害他人，也不受苦地存在——假如還是享受不到樂趣的話。或許您注定人類只能在地球上幾個特定區域裡才能活得舒適（一如許多動植物的命運）；我

／／／

4．西塞羅說：「勞動與痛苦並不相同。勞動是耗力的身心功能——痛苦只是不悅的身體失調。當他們切斷馬利烏斯（Marius, 157–86 BC）的血管，那是痛苦；而當他在酷熱中領軍行進，那是勞動。」——《托斯卡拉論爭》（Tusculanae Quaestiones）

5．海克拉火山（Hekla），冰島最著名的火山之一，當地人稱「地獄之門」。

受此念頭撩動。如此一來，人類要是跨出天生該有的領域界線，因此蒙受不便，那就是人類自己的錯。於是我跑遍整個地球，試過每個國家，總是遵循以最小限度麻煩他人的初心，除了平靜生命之外別無所求。然而一切盡付徒勞。熱帶的太陽灼燒我、極圈的寒冷冰凍我、溫帶的多變天氣也困擾我；不管我身在何方，都感受到天象地理的憤怒。我曾到過沒有一天不起風暴的地方，而您，自然啊，在那裡不停對著從沒侵害過您分毫的單純人類發動戰爭。在其他頭頂無雲的萬里晴空之地，您就以頻仍的地震、活躍的火山和其他地底騷動加以補償。別的地區則有颶風與旋風頂替其他災厄。有時，我會聽到頭頂上的屋頂不堪積雪負重而呻吟；有時吸飽雨水的大地就在我腳下分崩離析。河流衝破堤岸全速朝我追來，好似視我為寇讎。即使我不帶一絲挑釁之意，野獸也都企圖吞噬我、蛇蟒也想毒害我或絞殺我；我還曾差點因昆蟲叮咬而死，更不用提環伺人類周遭的日常災害。最後這一類的災害如此繁多，某位古代哲學家[6]因此立下一道法則：想抵抗恐懼持續的侵擾，不啻就是去恐懼一切事物。

再者，即使氣溫平穩、甚至自己飲食節制、身心愉悅，疾病卻從未在折磨我時失手過。事實上，我們天生的體質還真是巧奪天工得令人讚佩啊！您教我們不斷深深渴求樂趣，因為我們的生命若無樂趣就不算完美；您同時又讓這世間沒有其他事物比如此樂趣還更能危害肉身健康與力量，後果更具毀滅性，與長壽更難兩立。儘管我不耽溺於此類樂趣，無窮盡的疾病依然襲來，有些令我性命垂危，其他使我幾近殘廢，甚至逼我身陷悲慘之境。種種疾病接連數日、甚至數月，讓我體驗到成千種身心煎熬。我們竟然還要忍受疾病帶來的光怪陸離又非比尋常的磨難，彷彿日常生活還不夠不幸；而您並未以同樣出奇的健康、活力與享樂時刻補償我們。我在永凍區域喪失了視力，雖然對居住在寒冷國家的拉普人[7]而言那不過是家常便飯。陽光、空氣、生活所需，也因此不免持續困擾著我們；後者的潮濕或不適感、前者的熱氣甚至光線，沒有一樣是人類能置身其中卻不會多少遭受

6．Seneca, Natural. Question: lib. 6, cap. 2.

7．拉普人（Laplanders）即薩米人（Sami），歐洲最大的原住民族群之一，分佈廣達芬蘭、挪威、瑞典、俄羅斯，也是歐洲目前僅存的遊牧民族。然而拉普人是一種帶有貶意的稱呼。

任何生活的不便與身體傷害。簡言之，我想不起來自己有哪一天沒有嘗到某種苦頭；然而，從另一面看來，連一絲享樂的蹤影都沒有的日子倒是不計其數。我的結論就是，人類命中注定遭受的巨大磨難與罕有享受，就成如此比例；活得平靜就和活得幸福一樣，是不可能的。我自然也得到另一個結論，亦即您才是人類與其他您所生造之物的公敵。您時而利誘，時而威脅；現在您猛攻、打擊、追趕、破壞；你總是心神貫注於折磨人類。不論就性質或必然而言，您都在與自己的家人為敵，成為己出血肉的劊子手。對我而言，我已喪失一切希望。我的經驗證實，雖然有可能逃離人類與他們施加的迫害，但要躲避您，躲避這個折磨我們永不罷手、直至將我們踐踏在地的您，則是毫無可能。老年挾其所有的苦楚、憂愁與如山的麻煩，已來到我身旁。您為我們與其他造物命定的這項惡中之惡，從幼年時期就已開始萌發。肉身衰退在廿五歲之後顯而易見，肉身茁壯時期我們卻無能停留。人生難得的三分之一時間都花在青年時期的含苞待綻，然而成熟所據的卻僅有寥寥數刻，餘剩的不過是逐漸衰敗的過程，甚至伴隨諸種災厄。

自：難道你以為這世界是特地為你而造的？這時你也該知道，在我的設計、操作與意旨中，一向沒有特別為人類的幸或不幸著想。我若是曾讓你受苦，也是在渾然不知中所為；我若曾用什麼方式給過你喜樂，我也同樣未曾察覺。從各種意義上說來，我一切所做所為都不是為了如你所想的那樣，是要讓你享樂或給你好處。我最後若是偶然間滅絕了你們整支物種，我依然毫無知覺。

冰：假如有個陌生人以最懇切的姿態邀我走進他的房子，而我為了遵從才接受如此邀約。在我抵達時，他卻帶我來到一處潮濕瘴癘之地，把我安置在一處無法遮風避雨的房間，房內一片頹圮，我隨時有遭傾壓之虞。他不僅沒有花半點心思取悅我，或有讓我安適的念頭，甚至還忽略我維生所需。不只如此，假設這位東道主還放任我被他的兒孫與家僕羞辱、嘲諷、威脅、毆打，但對於我向他抱怨自己遭受虐待之事卻只回覆：「你難道以為這房子是我特地為你所建的？我養這些兒孫跟僕人，難道是為了用來服侍你？我向你保證，我還有其他要緊事情得忙，那遠比取悅你或歡迎你來得重要。」我對此回答道：「好吧，朋友，雖然你這房子或許不是特地為我所建，至少也該容忍我在這裡吭個兩聲。況且，既然我是因為你的緣故才來此，難道我不該仰賴你保障我的人身性命──以及，如果可能，免於一切禍害與危險嗎？」

現在我就要告訴您。您創造世界並非為了服侍人類，這點我早已知之甚深。要我相信您造出這個世界擺明是為了折磨人類，倒還容易一些。但請告訴我：為什麼我要來到這裡？難道我曾向您請求讓我來到這世上？或者，我又是因為什麼不自然的原因才存在於此，違逆了您的意志？如果說到頭來，都是您自主把我安放在此，同時又不讓我保有接受或拒絕這份生命大禮的權利，您難道不該盡己所能讓我快樂、或起碼保護我免遭讓這趟羈旅變得痛苦的邪惡與危險所擾？這些是為了我自己，也是為了全體人類、所有眾生而說的。

自：你忘了，這世界是創造與毀滅的無盡循環，生與滅一體兩面，為了彼此而各自運作。它們的聯合作用讓整個宇宙守恆，如果其中之一不再運作，世界就會瓦解。也因此，如果從地球上抹去苦難，世界的存續就將淪落險境。

冰：所有哲學家也都這麼說。但既然遭摧毀的事物是在受苦，而從毀滅中誕生的事物也都如其應得地受著苦，最後還是輪到它被摧毀，迄今為止的哲學家當中沒有任何人的回答能滿足我，您能否就這個問題為我指點迷津？構成這整個世界上的悲慘生命，他們的苦難與死亡維繫的，究竟是誰的歡愉、又是誰的利益？

據說，在自然與冰島人還在為諸如此類的問題爭論不休時，忽然出現兩隻獅子。這兩頭野獸因為飢餓而羸弱、柴瘦，幾乎無法吞吃冰島人；但牠們最後還是飽餐了一頓，得到足夠力量過完這一天。

但也有人質疑此事的真確。他們堅信，當時突然一陣狂風大作，將這名不幸的冰島人吹倒在地，轉眼間就被壓在一座沙砌的壯麗陵寢底下。他的屍體完整保存在原地，隨時間流轉成了一具精緻的木乃伊。後來，有些旅人發現這具屍體，將其作為標本採集，最終安置在歐洲某處博物館內。

XII.

魯伊希與其木乃伊的對話

Dialogo di Federico Ruysch e delle sue mummie

〈魯伊希實驗室之死物大合唱〉

噢死亡，你恆常而又定在，
把一切都包圍進你的臂彎，
在你懷中我們的卑賤本性
安息，從生命驚慌中解脫：
心境無有喜悅也無有痛苦。
我們的靈魂現在不再遭受
痛苦思考與世俗恐懼折磨；
期盼與欲求如今不知何去，
我們也不再識憂愁為何物。
時間流成一道綿延的長河，
無聊的真空如幻夢般冒泡。
我們在塵世忍受過的憂煩

盡去，然而我們偶爾看見
其魅影不散，如同在一片
意念與回憶糾結成的霧中：
總之我們的靈魂不再受擾。
究竟我們在人間活過什麼？
現下看來似乎成一道奧祕，
就算身負凡人陽壽者觀之，
也如對死之玄想同樣深邃。
然正如活物躲避死神追捕，
生命之火也逃離我們遠去。
我們的命運如今已然安息，
無有喜悅無有痛苦。我們
不再蒙受幸福庇佑；幸福
對生人死者都是禁果勿嘗。

魯伊希一：（從實驗室外頭透過鎖孔窺看。）活見鬼了！是誰教它們這些死人歌謠，讓它們在大半夜像公雞一樣高唱？我實在聽得冷汗直冒，就快跟它們一樣死絕。萬萬沒想到，我已將它們防腐處理以免腐敗，豈料它們竟能活過來。情況就是這樣了，我跟我的哲學觀一起從頭顫抖到腳。一定是惡靈教我把這些東西給帶進來。我不知道現在該怎麼辦。如果我把它們全關在裡邊，它們還是可能會破門而出、或穿過鎖孔，爬到我床上。但我實在不想因為求救而讓人認為我害怕死人。我得鼓起勇氣。讓我們看看能不能讓它們反過來怕我。

（進門）——孩子們、孩子們，你們是在玩什麼？你們難道不記得自己已經死了嗎？這麼大吵大鬧是幹麼？你們因為沙皇來訪就洋洋得意，以為自己不必服從自然定律了嗎？我想，你們這片騷動只是因為在玩，而不是在做什麼大事業。但你們要是真的復活了，我就恭喜你們，雖然我可得先聲明，我可是養不活你們，就跟你們還死著的時候一樣養不活；如此一來，你們一定得立刻離開我的房子。要是人家說的吸血鬼真有其事，而你們恰巧正是其中一群，那最好去找別人的血吸，我現在可沒那心情讓你們吸血，畢竟我早就慷慨地把自己的血注入你們的血脈。總之，你們要是能跟以前一樣不吵不鬧，或許我們還能相處融洽，你們也可以繼續在我這兒衣食無缺。不然，我可得警告你們，我會抄起這根鐵棒把你們殺光，一個不留。

某個木乃伊：不必煩惱。我向你保證，你不必動手，我們就會再死得透透的。

魯：那這個歡唱大會到底是在幹麼？

木：不久前的午夜時分，正逢某些古人常說的偉大數學時代首度落幕。今晚也是死人首度能開口說話的日子，墳場墓穴、深海中、雪堆沙丘下、曝屍荒野，以及所有各地會死人的地方的所有死者，都會像我們一樣，唱起你方才聽到的那首歌。

／／／

1．魯伊希（Frederic Ruysch, 1638-1731）是最巧手的解剖學家之一。他從昆蟲學家史汪默丹（Jan Swammerdam, 1637-1680）那裡得到保存屍體的祕訣：注射染色的蠟。魯伊希據說也用了自己的血液保存屍體。他的標本經過整理後看來栩栩如生，毫無腐敗跡象。彼得大帝在一六九八年訪問荷蘭時，在參觀魯伊希工作室後驚訝無比。一七一七年，彼得大帝再度訪視荷蘭，並讓魯伊希處理他的各種動物或乾屍收藏。這些標本後來運回聖彼得堡。魯伊希又做了第二批同樣珍貴的標本，並在他死後公開拍賣。

魯：你們這樣唱歌說話還要多久？

木：歌都唱完了。我們現在還能再說上一刻鐘，接著在下一個偉大年代結束前都會安安靜靜。

魯：若是如此，我想你們也沒有機會再打擾我安睡了。那麼，大家就盡情說吧，我會站到一旁，好奇開心地聽著，不會打斷你們。

木：我們只能回答活人的問話。沒有活人問的死人，唱完歌後就會安靜下來。

魯：真失望。你們要是能互相溝通，我很好奇你們會說些什麼。

木：就算我們能彼此回話，你也聽不到任何聲音，因為我們彼此沒什麼好說的。

魯：現在我可是有一千個想問的問題浮現腦海了。不過，時間有限，你們就簡單告訴我，你們的身心在死去那瞬間經驗到了什麼？

木：我已不記得死去的瞬間。

其他木乃伊眾：我們也不記得了。

魯：為什麼不記得？

木：這就跟你不管再怎麼嘗試，也無法察覺入睡那瞬間是同樣道理。

魯：但睡覺是一件很自然的事啊。

木：對你而言，死亡難道不自然？告訴我，有哪個人、獸或植物是不會死的。

魯：既然你們不記得死去那當下，那我也就不再驚訝你們又說又唱的：

「致命的一擊，奪去他的鼻息；
他搏鬥不輟，不覺死之將至」

就跟某個義大利詩人說的一樣。[2] 我以為說到死亡，你們起碼可能會比活人多知道些什麼。那麼，告訴我，你們死去時可有感受到任何痛苦？

木：失去意識時怎麼會有痛苦？

魯：不論如何，世人都相信此生終結那瞬間是相當痛苦的時刻。

木：你這說得好像死亡只能是一種感覺，而不會是其他東西。

///

2．出自貝爾尼（Francesco Berni，1497-1535）〈戀愛中的奧蘭多〉（*Orlando Innamorato*），原文："Così colui, del colpo non accorto,/ andava combattendo, ed era morto."

魯：大多數人都認同伊比鳩魯對於靈魂性質的看法，那些相信流行觀點的人，也同意在本質上將死亡設想成一種最劇烈的痛苦。[3]

木：唔，那麼你應該幫我們把接下來這些問題拿去問他們。如果人連進入睡眠、昏沉、暈厥之類的狀態，都察覺不到生命機能暫停的準確時間點，那又怎麼會在這些機能完全停止的瞬間有所知覺——而且不是暫停、而是永遠停止？再說，死亡的瞬間怎麼會有什麼劇烈的感覺？死亡是種感覺嗎？當感官機能不只是衰退或受限、而是幾乎消失，怎麼有人還能經驗到任何鮮明的感覺？或許，你認為感官消失的瞬間應該也會有某種強烈的感覺？但並不會。因為你或許也注意到了，就算是因極度痛苦疾病而死的人，死後也會馬上平息下來，在寧靜中安息；他們衰弱到無法受苦，在死前喪失所有痛覺。你可以幫我們將這些話轉達給那些想像人在嚥下最後一口氣時必得付出痛苦代價的人。

魯：這種理由或許能說服伊比鳩魯主義者，但可說服不了認為靈魂本質上異於肉體的那些人。我到目前都持後者立場，現在聽過死人唱歌說話，就更不會改變這種看法了。我們認為死亡就是靈魂與肉體的分離，所以我們無法理解的是，這形成單一整體的兩種實體原本是膠合在一起、密不可分的，那麼，兩者分離之際怎麼可能無須施加強大力量，產生難以想像的劇痛。

木：那請告訴我，精神是藉由某些神經、肌肉或膜連接著身體嗎？只要這些部位損壞，精神就會逃走嗎？還是必須從這些部位上狠狠地將之擰掉呢？難道你看不出來，身體一旦不再適合靈魂居住，它就必然會自行離開，而非源於任何內在的蠻力？你也告訴我：靈魂進入你的身體、與你的身體結合——或像你們所說，膠合的那瞬間，你可曾有任何感覺？如果沒有，那麼你為何又預期靈魂離開時會有任何強烈的感覺？我向你打包票，靈魂是靜靜地走，正如它悄悄地來。

魯：死亡若不是痛苦，還會是什麼？

木：倒不如說，是一種無比的愉悅。你一定知道，死亡就跟睡眠一樣，都不是瞬間而至，

／／／

3．伊比鳩魯（Epicurus, 341-270 BC）認為靈魂也是一種原子，人在死亡時會與肉體原子分離，其對死亡瞬間感覺的立場略同於下段木乃伊回答。

而是逐漸襲來。這種過渡確實會因為疾病或死法而或長或短。但死亡終究會像睡眠一樣到來，不帶半分苦痛或愉悅。在死亡前一刻是不可能有痛感的，因為對於垂死之人衰弱的感官而言，那體驗太過激烈。將它視為愉悅會合理一些；因為泰半人類的喜悅都遠非令人快活的，而是某種倦怠所形成，在倦怠當中不會有痛。因此，人類的感官在瀕臨消逝之際，就會感受到倦怠往往能帶來的喜悅感，尤其是在歷經煎熬階段之後。於是，死亡的倦怠感所帶來的喜悅，應該能與受苦之人終於擺脫的痛苦成正比。至於我自己嗎，如果我想不起來死前的事情，大概只因為醫生禁止我用腦。但我記得那個感覺，那與入睡前緩緩襲來的倦怠感受幾乎無異。

其他木乃伊眾：我們也都感受到了。

魯：雖然先前和我聊過這話題的人各個都持不同意見，不過，我就當你們說的沒錯。我確定他們的那些說法都不是個人經驗談。現在告訴我，你們在死前體驗著愉悅，就知道自己正在死去，而那感受是死亡的前奏嗎？還是想到其他什麼？

木：我直到死前都還相信自己會再醒來。當時我要是還能思考，大概會希望自己能再多活一兩個小時。我想，多數人都會這麼希望。

其他木乃伊眾：我們也都這麼想。

魯：西塞羅嘗言，一個人不論多麼日薄西山，總會期待起碼再一個明年。[4] 但你們怎麼知道到自己的靈魂最終離開了肉體？或說，你要怎麼知道自己已經死了？……怎麼不回答了。孩子們，你們沒聽見嗎？……啊，一刻鐘就這麼過了。現在讓我檢查看看。沒錯，又死透了。我不必再擔心他們會再給我什麼驚喜了。我這就上床安睡。

／／／

4．出自西塞羅《論老年》（Marcus Tullius Cicero, *Cato Maior de Senectute*）。

XIII.
哥倫布與古提耶雷茲的對話
Dialogo di Cristoforo Colombo e di Pietro Guitierrez

哥倫布：朋友，今夜真是美好啊。

古提耶雷茲[1]：確實很美好；但要是能看到陸地就更好了。

哥：可不是嗎。就連你也厭倦海上生活了啊。

古：還不至於。但這趟航行竟比我預期的還長許多，已讓我甚感疲倦。不過，無論如何，請別以為我和其他人一樣是在責怪你。相反地，請相信我會一如既往，盡己所能地為你打理這趟航行的大小事情。不過，看在我們開始閒聊的份上，希望你能坦白告訴我：對於是否能在這世界的角落發現陸地，你是不是仍像啟程當初那麼自信；或者，在漫無目的耗費了這麼多時間之後，你已開始懷疑這一切。

哥：對一個不會背叛我的朋友，我坦承自己現在略有遲疑；尤其因為航程中曾有某些徵象讓我心中一度滿懷希望，到頭來卻落得一場空。例如，我們離開戈梅拉（Gomera）不久後，從西邊飛過我們上頭的鳥，我本以為那是陸地就在不遠處的徵兆。同樣的，許多在啟航前預設、關於各種旅程中可能發生種種事情的猜想與期待，也全未實現。所以我最後只能對自己說，「既然我灌注最高信念的預測全落空了，我最主要的猜想——海的彼端有一座大陸，難道不會也是毫無根據？」這個信念絕對合乎邏輯，要是錯了，似乎除了那些實際可看見、可觸及的之外，人類就沒有任何判斷是可靠的了。但就另一面說來，我卻記得現實往往鮮少與期待相符。我自問，「兩個半球彼此相似、西半球就像東半球一樣有土地有水，你這麼相信的基礎是什麼？它為什麼不能就只是汪洋一片？難道不會連土地跟水都沒有，而是別的元素？就算跟東半球一樣有土地跟水，西半球難道不會無人居住、或根本不宜居住？如果那裡的人口跟東半球一樣多，你又該如何證明能在那裡找到和我們一樣的理性存在？難道不會有些人類之外的智慧動物嗎？假使他們是人類，難道不會跟你我熟悉的那種人類天差地遠嗎——像是身形更巨大、更強壯、

／／／

1．古提耶雷茲（Pedro de Gutierrez），哥倫布首航美洲艦隊三船當中聖瑪利亞號（Santa María）旗艦上的皇家總管。

更靈巧、天生具備更多才賦智識、更文明，而其科學與藝術也更豐富嗎？」

這些念頭在我心中盤繞不去。而且，我們事實上也能看到自然受賦了這種能力，其效果變化萬千。我們不只無從對遙遠未知的世界一角的自然造物建立明確的觀點，甚至還會懷疑，把已知世界的結論套用到未知角落的自己，會不會只是在自欺欺人。對我們而言，想像未知世界的全體或部分事物雖然古怪又異常，卻也同樣不無可能。我們不也用肉眼確認了羅盤指針在這些海域從北極往西偏了不少？[2]這種現象絕對新奇，至今仍沒有任何航海家曾經耳聞；我左思右想，還是得不到滿意的解釋。我並不是說那些關於陌生世界與這片海洋種種奇觀的古老故事完全可信。像是阿諾努斯（Annonus）曾說，這些地方夜裡被火焰照亮，一道火流光輝最後注入海中。我們也能看到，至今為止，水手在航程中對所有駭人的神奇異聞心存恐懼是多麼愚蠢；蠢到當船行經一段全是海藻的海域，看來就像海中草原，甚至大大阻礙航行，水手們竟以為已經碰到可航行海域的邊緣。

我說這些無非是希望你知道，這個關於未知大陸的概念儘管可能建立在相當合理的假設上，我來往的西班牙、義大利、葡萄牙等地的傑出地理學家、天文學家跟航海家也都同意我這個論點，但恐怕最後還是錯誤的。總之，我們已看到有許多漂亮推導出來的結論，事後往往證實是錯誤的，尤其是我們幾乎不具相關知識的事情。

古：所以，你其實賭上了個人的性命與同伴的性命，只為了一個可能。

哥：我無法否認。但是，在人類每天都以更脆弱的理由、或其他更瑣碎的事物、甚至連想都不想，就危害自己生命的事實之外，我懇求你想一想。

如果你、我、以及這裡所有人都不在這艘船上、不在這片汪洋中央、不在這種奇怪的孤獨當中——儘管當中充滿不確定、而且全靠運氣——我們會在做什麼？會忙什麼？又該如何磨耗我們的時間？我們可能更快樂嗎？更可能的是，我們會遇上更大的麻煩與困難；或者更糟，陷入無所事事的狀態？

既無變數、也無危險的狀態的生命究竟是為了什麼？若是為了滿足與幸福，那

╱╱╱

2．哥倫布在發現新大陸的航程中發現磁偏角，即地理北極與地磁北極的夾角。

就比其他一切可取；但若是為了厭倦與窘迫，我就不知道還有什麼更令人不快的了。

我不想談計畫如期成功後的榮耀與實用知識的回報。如果這趟旅程對我們而言沒有其他用處，也會相當有益，因為我們曾有一段時間得以逃離無聊，讓我們熱愛生命、而且提昇了許多我們不該給予好評的事物價值。

或許你還記得古人曾說過的那些不幸戀人故事。這些人以前會從聖毛拉[3]的岩石上朝大海縱身一躍；在阿波羅將他們從海中救起之後，這些人發現自己已從戀愛的痛苦中解脫。姑且不論這個故事是否可信，我確信，死裡逃生的戀人就算沒有阿波羅協助，短時間內都會重新愛上自己先前痛恨的生命、或更加熱愛。在我看來，每趟出航就像是琉卡迪雅岩石上的一躍，結果同樣有益，只是效果更為持久。

一般認為，相較於其他人，水手與軍人因為不斷冒險賭上性命，因此更輕視生命的價值。但我基於同樣理由的結論卻相反，反而認為只有少數人會將生命價值舉得與軍人和水手同高。正當我們對到手的好處不屑一顧時，水手卻深深珍視許多遠非美善的事物，只因他們缺乏這些東西。有誰會想把一小撮泥土記在人類福祉的目錄上？只有航海家會這麼做，尤其是像我們這樣受到航程變數驅使，只渴望見到一丁點大的陸地的人。這是我們醒來時的第一個念頭，也是睡前最後一道思緒。如果我們未來偶然從遠處見到一座山的尖端、一片森林的樹冠、或其他陸地存在的證據，你我內心就得以充滿喜樂。只要踏上堅實的土地，或單單只是想到能愛去哪兒就去哪兒，就足已令我們開心好幾天。

古：你說得很對；你這假設如果就跟你的推論一樣合理，那麼我們遲早都能享受到這種快樂。

哥：我也認為很快就可以，雖然我不敢保證。你知道，我們已經接連數日測得到水底，探測砣拉上來的物質性狀對我而言是大好吉兆。傍晚時的晚霞雲彩型態和色彩也與前幾天有所不同。你也能感覺到大氣變得溫暖、柔和。風吹不若先前強勁，也

／／／

3．聖毛拉（Santa Maura），當時稱為琉卡迪雅（Leukadia），即現今希臘的萊夫卡達島（Lefkada）。

不再那麼直率而穩定；它現在遲疑又多變，就像被某些障礙物打散過。這些徵兆再加上發現海面上那根有最近折斷痕跡的漂流藤條、以及一小束帶著紅莓的枝葉；此外，飛過頭上的鳥群雖然先前騙過我，現在也變得頻繁又大量，我想，鳥群現身必定有什麼特別理由，尤其我們還在當中看到一些不似海鳥的鳥。簡言之，這些吉兆都讓我希望十足、充滿期待，儘管我表面上看來不像這樣。

古：願上天保佑你的猜想成真。

XIV.

鳥贊

Elogio degli uccelli

艾美利歐（Amelio），一位寂寞的哲學家，某個春日早晨坐在農舍蔭影處讀書。他受到原野上的鳥囀吸引，逐漸分神，開始聆聽，思考。最後，他把書丟在一旁，動筆做如是文章：

鳥類生來就是世上最快活的生物。我不是說牠們一向令人歡欣，而是牠們比其他動物都更顯無憂快活。我們見到其他動物通常遲鈍、沈重，許多甚至滿面愁容，鮮少表現出歡樂，而當牠們歡樂時，又只是輕微且短暫。牠們在多數的享受與愉悅中也表現不出任何滿足。翠綠原野、遼闊迷人的風景、高貴的星球、純淨甜美的空氣，假如有任何原因能取悅牠們，也激不起絲毫歡喜神色；除了在色諾芬 1 敘述中的野兔，據說牠們會在月光最明燦時蹦跳嬉鬧。

鳥類的動作與情態反而能展現出極致的歡樂；我們正是從牠們流露的這種明顯喜悅性情，而在賞鳥時感到愉悅。這種情態絕不可視為不實或虛偽的表象。鳥兒以歌聲表現喜悅，牠們越是快樂，唱得就會越富活力。如果牠們的歌聲正如傳說、會在戀愛時更為嘹亮甜美，那也等於在說，除了愛情之外的喜悅也會激發牠們歌唱。或許我們會注意到，鳥兒在安寧平靜的日子裡比風雨欲來時更常啼叫。在風暴來臨或受驚嚇時，牠們緘默；但只要風暴一過，牠們就再度現身，與其他鳥兒歡唱嬉鬧。此外，他們在早晨醒來時也會歌唱；一部分是受開始嶄新一天的歡樂而激發，一部分則源於所有動物在睡眠後普遍能感受到的清新與振作。牠們也在歡樂的葉叢間、豐饒的峽谷中、純淨閃亮的水邊、與美麗原野上欣然雀躍……

據說鳥兒在跟我們相處、而非與野蠻未開化的人群同在時，嗓音會更加柔和甜美，曲調會更為精緻。這麼說，鳥兒或許也受到身處的文明影響。不論此言真假，鳥兒既能歌唱又能飛翔，這仍是自然意旨的明確體現，如此一來，牠們的歌聲就能從崇高之境傳播到更廣大的聽眾耳裡。自然的意旨也教空氣這聲音的元素當中能有唱出旋律的生物棲居。

／／／

1．色諾芬（Xenophon, 427-355 BC），雅典人，蘇格拉底的學生，以紀錄蘇格拉底語錄著稱。

鳥囀對我們與所有動物而言，實在是莫大的寬慰與喜悅。我相信這並非取決於聲音本身的甜美，也非當中的多變與和諧，而是歌聲傳達的喜悅，特別是來自鳥兒本身的喜悅。鳥兒的笑聲可說是為了表現牠們的滿足與快樂。因此也能說，牠們在一定程度上也共享著人類發笑的特權，那是其他動物沒有的。如今有些人認為，人類也可定義為一種會笑的動物，就跟具備理性的動物一樣；因為笑與理性同為人類特有。人這種最不幸、悽慘的生物，竟具備其他動物缺少的發笑能力，這實在相當驚奇。驚嘆也是我們用這種能力發出來的！我們能看到，遭受可怕的不幸或精神痛苦折磨的人，或是其他喪失對生命的熱愛、將所有人類事物視為虛無，幾乎無法感受歡喜，又被剝奪希望的人，還是會發笑。人類對希望的虛無與生命的悲慘了解越多，期待與樂趣就越少，發笑的時機也就相對應地增加。我們現在難以整體解釋或分析笑的本性，以及笑與人類心靈的關聯。也許，笑能充分定義成一種暫時的瘋癲或錯亂。人類對笑的成因沒有合理而正當的解釋，因為沒有任何事物真正會讓人滿足或受到取悅。探究並追溯這種官能的歷史會是相當奇妙的過程。當然，在蠻荒時代，笑是透過一種奇怪的凝重神情表達出來的，就如其他動物甚至在憂鬱時也會展現出來的一樣。因此，我想，笑不僅無疑是跟在淚的腳步之後才來到這世上，更是在淚之後歷經一段漫長時間才出現。在這段時間中，母親不以微笑迎接孩童，孩童也並不會笑著認出母親，一如維吉爾所言。而今日文明人口的孩童一出生就會微笑的理由，可以模範的效力解釋：孩童看到他人微笑，於是自己也微笑。笑也很有可能起源自酒醉，這是另一項人類特徵。這件惡行絕非僅只於文明民族，就我們所知，世上幾乎找不到任何族群沒有某種能讓人耽溺其中、放縱自我的醉人液體。不過，這也難怪。我們要記得，人類是最不快樂的生物，因此也最容易受到能讓精神迷離，諸如忘卻自我、或延宕所有日常生活的事物所取悅；人類藉著打斷或暫時減少對自身特有邪惡的察覺與了解，得到了不少益處。野人通常面容哀傷凝重，但在一個醉醺醺的國家，大眾卻笑得不知節制，毫無停歇地談笑歡唱，與他們習慣的相反。但我會在自己正構思寫作的「笑的歷史」中進行更詳細的討論。在發掘笑的起源之後，我會追溯它至今的歷史與命運；比起其他時代，笑在今日更受珍視。笑在文明民族當中占有一席之地，擔任了過去由美德、正義、榮譽之類的東西所扮演的類似角色，那實際上往往是在恐嚇或制止人類犯罪。

且讓我們說回鳥兒。我從鳥兒的歌聲對我產生的效果總結：看見他人的歡樂卻不嫉妒，才真正讓我們滿意、快活。或許，我們該因此感謝自然指派了鳥兒公開高歌，展現歡樂——這與代表著世界其他部分、私下歌唱發笑的人類截然不同。天道奧妙，讓空中和地上都有這種好似以甜美嗓音中的喜悅和諧來讚頌大地的生物棲居，並讓其他生物在不斷見證幸福的過程中——儘管虛假——隨之歡樂起來。

鳥兒實際上看似比其他生物更顯歡樂是有理可循的。如我所述，牠們天生就適合歡喜快樂。首先，鳥兒顯然不屈於無聊。牠們能瞬間改變所在，穿梭鄉野，不論如何距離遙遠，靈巧敏捷地從低處飛往高空。牠們的身體恆常運動，洋溢生機。其他動物的匱乏一旦得到滿足，便偏愛恬靜懶散；除了魚和某些飛蟲外，沒有任何動物會為了娛樂而長時間保持活動狀態。舉例來說，野蠻人若不是要耗費少量短暫的力氣，補給日常所需，或狩獵，就連一步都不會動。他們喜愛閒散寧靜勝過一切，會在自己粗陋小屋內或其出口、岩洞中或遮蔭下，沉默、懶散地坐著，虛度整日。相反地，鳥兒鮮少長時間待在同一處。牠們漫無目標地來回飛行，只為消遣，而且往往離自己常處的鄉野一去數百哩，又在同一天晚上回來。他們來去自如，不是群聚在一起、東啄西啄、抖晃身軀，就是以其出奇靈活敏捷的姿態四處跳躍。簡言之，鳥兒從破殼而出到死亡，這之間除了睡眠之外，無一刻停歇。我們由這些觀察考量，或許能合理斷定，在其他動物、甚至包括人類休止之際，鳥兒都在活動。

我們也發現，鳥兒如此獨得上天嘉厚，讓牠們的本性能與外在特質和生命處境和諧一致，這讓鳥兒比其他動物更容易幸福。牠們的聽力極度敏銳，視力幾乎更是無可比擬。如此視力讓牠們能迅速辨識出大片原野，日復一日陶醉於壯闊多變的景觀。或許由此可推知，鳥兒應該也具備最鮮明、強大的想像力。然而，那並非但丁或塔索那種狂熱、猛烈的想像——如此天賦是一種災難，會導致無盡的焦慮與苦痛——而是一種纖細、明亮而稚氣的幻想，這種幻想能創造出歡樂的意念、甜美的幻境、多重的歡愉。這是自然贈與生物最高貴的禮物。而鳥兒豐沛的想像力只為牠們帶來愉悅與益處，而不會體驗到任何痛苦後果。鳥兒如兒童般豐沛的想像力，加上身體的精力，讓牠們常保幸福快樂，無害於身心，不會如同多數人類那樣塑造出慘境。所以，鳥兒的敏捷、好動與其他特質，或許就如兒童。假設人類兒時的優點能貫穿此生各個年齡階段，而壞處又不在餘生中增加，或許你我會更有耐心背負存在的重擔。

如果我想得沒錯，鳥兒的天性顯然比其他動物更為完美。首先，牠的視覺和聽力都優於其他生物，而視覺是生命的主要知覺。再者，鳥類自然而然地偏愛動作而非靜止休息，其他動物卻有相反趨向。既然活動比休息時更具生命力，那麼鳥兒可說比其他動物更富生命力。因此，鳥兒在肉體和其知覺官能的使用上都優於其他生物。

至此，生命若是比死亡更好，更充實且完善的生命——就如鳥兒——就會讓生物遠優於其他受賦較少生命的動物。

別忘了鳥兒對劇烈的大氣變化也更具適應能力。牠們時常自平地騰空，而高空中極度寒冷；牠們在飛翔旅行時也會經歷許多不同氣候。

總而言之，正如阿那克里翁[2]希望能變成一面不停照見他心愛女子的明鏡、或成為她披覆身上的長袍、塗抹的油膏、盥洗的清水、緊繫胸前的束帶、頸上配戴的珍珠、或是最起碼她的玉足會踐踏的鞋履；我也這麼渴望能暫時化身為一隻鳥，好去體驗生命的快樂與歡喜。

2・阿那克里翁（Anacreon, 520-485 BC），希臘名詩人。

XV.
野雞之歌
Cantico del gallo silvestre

某些希伯來學者與作家肯定，在天與地之間——毋寧說天地各占其一部分——有一隻野公雞，牠雙腳歇於地面、冠喙頂著天穹。這隻巨大無比的公雞在這些作者提及的其他特異之處之外，還具備理性能力；要不然牠就跟鸚鵡一樣，在經過一番訓練後——雖然不知是受誰教導——也能表現得人模人樣。有一份古老的羊皮紙抄本可為此佐證。這份抄本包含一首以希伯來字母寫成的讚歌，語言則熔雜了迦勒底語（Chaldean）、塔庫姆體（Targumic）、後期希伯來語（Rabbinical）、卡巴拉體（Cabalistic）與塔木德法典體（Talmudic），題名為《野雄雞的晨歌》。一番努力過後，這篇讚歌得到如下的詮譯，引來不只一位拉比、卡巴拉主義者、神學家、法理學家與希伯來哲學家的探問。我始終不確定，這隻公雞是否還會偶爾、或每天早晨唱出這首歌，還是只唱過那麼一次，或是有沒有人曾聽過，或這種語言對公雞而言順不順口，又或是這首讚歌是否是由其他語言譯成。雖然這原是一首詩，但以下譯文我採散文體而非韻文體，以盡量確保再現原文的字面意義。其散亂的風格與誇飾不應歸咎於我的譯筆，我只是再現原文；這是因為該文所具備的東方語言、尤其是東方詩歌的特徵。

「清醒吧，凡人！天已破曉；真理復返世間，浮華幻想盡散。起身吧；再次背負生命的重擔；為了真理捨棄這個虛假世界。」

「是時候叫人人再度想起他現實生命的一切。他要想起所有意圖、目標與努力；還要想起必定伴隨著嶄新一日的喜悅與操煩。每逢此時，眾人殷切在心中尋求歡喜的期盼與甜美的想望。然而罕有人得償夙願；因為清醒對每個人皆屬不幸。悲慘者在起身後不久又要摔落在成堆不幸之上。因歡喜與希望而入眠甜美無比。這種睡眠讓人得以保持完整，直到翌日清晨來臨，他們的力量或者消失、起碼減損。」

「假若凡人的睡眠與生命連續而同一；假若一切活物在白晝星曜照拂之下癱軟在地、完全休止、不事勞作；假若公牛不再於牧草上低鳴、野獸不再於森林裡咆哮、飛鳥不再於空中歌唱、原野上蜜蜂不再紛飛、蝴蝶不再滑翔；如果除卻風水流轉與他處暴雨，不再有其他聲響動靜，這個宇宙將毫無用處；但那難道會比此時更為不幸或更加淒慘？」

「我問您，噢，太陽啊，白日的主宰、黃昏的守衛；您如是昇起落下，測量並成就的數世紀過去，您可曾在任何時刻見過幸福的生命？在您迄今看過的無數凡人努力中，您可曾認為哪一件成功確實為其勞動者帶來持久或短暫的滿足？您又是否看見、或可曾見過，世界邊境之內何處曾有幸福？它在何處佇留？在哪片原野、森林、山岳或峽谷裡？其上有無人煙？在您的焰光照耀撫育的哪顆星球上？它是否剛好躲著您，在地心內裡、在海洋深處？哪一種動物、哪一種植物、或是其他受您激發的生物參與其中？您像個不倦的巨人，日夜迅速橫渡天穹，不眠不休，無數事物聽您安排；您又滿意快樂嗎？」

「凡人啊，起身吧！此刻還不是你們從生命中解脫的時候。該日將臨，屆時不再有外患與內憂能將你們從安眠的靜止中驚醒，你們將永恆歇息。但你們目前仍未得賜死亡；只獲允偶爾短暫品嘗其替代品，因為生命若不時常暫停，就會永遠終止，棄絕這種短暫易逝的睡眠是一種致命之惡，並導致永恆的長眠。生命為了確保其存續，必須時常擱置；人類因而得以藉由睡眠，以一抹如其所是的死亡滋味，讓自己煥然一新。」

「死亡看似萬物的終極目標。沒有存在能逃過一死；一切存在俱為無中生有。存在的根本成因並非幸福，因為世上並無一物幸福。生命一切勞動誠然為此目標，然而沒有任何生命得到幸福；他們在生命中曾遭欺瞞、折磨與疲勞，卻不曾為死亡以外的目標所苦。」

「一日將始之際通常是生命最堪忍受的時刻。罕有人能在白日再尋得內心愉悅歡喜，但幾乎人人都在醒轉時作如是想。人類心靈在不必投注任何特定專心時更容易歡喜、更有耐心承擔災厄。因此，在絕望的憂煩中入睡者，醒時當能充滿嶄新希望——儘管希望毫無益處。許多不幸與苦難、恐懼與苦惱的根源，都不若前晚那麼駭人。昨日的劇痛也時常遭輕蔑地憶起，受嘲弄為瘋癲不實的幻想。」

「夜晚好比老年；而清晨如同幼年；清晨內心充滿安適與希望者，到了悲傷的夜晚則充滿怯懦與悲觀。但正如青春短暫易逝，嶄新一天的嬰孩時期快速衰老為夜晚。」

「青春若無疑已是生命最好的時期，卻依然卑下。然而就算這種貧弱的益處轉瞬即逝，人也透過許多徵兆，察覺自身存在正逐漸減弱；他依然難以體驗到青春的完備，或其特有的力量得到實現；當這股力量衰退，所有生物便喪失生命最美好的部分。自然在生造一切時，皆刻意指向死亡；而老年支配了一切。這世界各個部分不知疲倦地加緊腳步，疾速奮力奔赴死亡。唯獨世界本身看似免於衰亡；秋冬即使看似病弱蒼老，來春卻會復又新生。但正如凡人在一日之初重獲些許青春，又隨一日推展衰老，最終消亡於睡眠，世界亦然在一年之初重返年少，同時不停衰老。世界與自然本身終有盡時。而今偉大國度罕有形影紀錄存留，整個世界生命的無限化變與滅絕也將不留痕跡。赤裸的緘默與絕對的寂靜將充斥廣闊空間。令人敬畏的宇宙存在奧祕將被解開，又在明朗通透之前消散殆盡。」

XVI.

提曼多羅與艾連多羅的對話．

Dialogo di Timandro e di Eleandro

提曼多羅1：要跟你說話，讓我相當焦慮。我想和你聊聊你寫作文字的內容與傾向。在我看來，它們最為引人攻訐。

艾連多羅2：只要你從我的行為中找不到過失，老實說，我根本不在意；因為文字與寫作無足輕重。

提：就我所見，你的行為不必受人攻訐。我注意到你因為無能而未圖利任何人，也因為無意而未傷害任何人。但我認為，你的言論文字應該受到譴責，我也不同意你說它們無足輕重。我們的生活或許可說所含無物，因為我們現在輕視文字、小看寫作。首先呢，你對人類投以的不斷謾罵與連串諷刺實在是老掉牙了。

艾：我的大腦也是老掉牙了。兒子像爸爸，這再自然不過。

提：那你一定也不意外，你的書就如有違今日風俗的一切事物，不受好評。

艾：那還真是個小不幸。但那些又不是為了在富人門前乞食一片小小麵包而寫。

提：四、五十年前，哲學家也對人類說過嚴厲的話，但現在也全面改觀了。

艾：你認為四、五十年前的哲學家宣稱的是對還是錯？

提：通常是對的。

艾：那麼，你認為人類在這四、五十年來可有變得完全相反？

提：不盡然。但這與我的問題無關。

艾：為什麼沒有？人性有變得那麼強大完備，使得今日的作者得奉承人類，被迫對他們磕頭鞠躬嗎？

提：這種詼諧幽默跟這麼嚴肅的話題有什麼關係？

艾：那說認真的。我沒注意到這個世紀的人類對自己的高度評價，是過去幾個世紀的人沒有的，儘管他們也跟祖宗一樣，並未善待同胞。但我，不被善待的那個，並

1．虛構人物，由古希臘文 τιμάω（timaw，榮譽）和 ἀνήρ（andr，人）結合而來。

2．虛構人物，由古希臘文 ἐλεέω（eleew，我憐憫）和 ἀνήρ（人）結合而來。

不認為我得昧著良心說別人好話。

提：然而你還是得像所有人一樣，致力服務你的族類。

艾：如果我的族類反過來盡其所能傷害我，我不認為有必要善盡你所說的這個義務。但假設你是對的，如果我對我的族類毫無用處，那我又該做什麼？

提：或許就行動而言，你無法有太多用處。這種權力只握在少數人手中。但你的寫作可以、而且也應該為此服務。人類普遍並未因這種不停對人謾罵的書本受惠。這種行為反而極度有害。

艾：我承認這些文字沒有益處，但我想也構不成傷害。可是，你無論如何都認為書本可對人類有所裨益嗎？

提：不只我，全世界都這麼相信。

艾：哪種書？

提：各式各樣；尤其是論及道德的書。

艾：這世界才不這麼認為，因為我跟其他人都不相信，如同有位女人曾對蘇格拉底所言。如果談論道德的書有益於人類，那我應該將詩歌高舉為書籍之首。我在此用的是詩歌最寬廣的定義，包括所有用來激發想像的作品，不論那是散文或韻文。現在，我對那種無法讓讀者在閱讀與沉思時會於心中留下激昂感受，進而牽絆住他半小時，不去想太基本的念頭，或做些不值得之事的詩歌不存敬意。舉個例子，如果這個讀者在歷經一小時的這種閱讀之後，對摯友背信忘義，我也不會譴責這首詩作。因為如此一來，就是譴責這世界所能擁有的最精緻、最撩動、最高貴的詩作。不受這種影響的讀者住在偉大城市裡。這些人不論如何專注，就連半個鐘頭的忘形其中都辦不到，也無法受這種詩歌取悅或感動。

提：你一如往常語帶惡意，想給別人留下你習慣不被他人善待的印象。在多數情況下，這種企圖的確是某些人對其族類展露壞脾氣與輕蔑的真正原因。

艾：當然了，我不能宣稱別人對我好、或對我好過。如果我能這麼宣稱，我想，就我的經驗來看，我會相當特別。但他人也未曾對我造成什麼嚴重傷害，因為我對他們一無所求，和他們也無共通之處，我幾乎沒有給過他們任何冒犯我的機會。但我得承認，我深知我連在談話與日常往來中用最簡單的方式討人歡心的手法都一無所知，不論這是天生缺陷或我個人過失。如果他們待我更好，我就更應該輕視他們。

提：這麼一來，你就更該遭人責備了。你甚至連抱怨的合理立場都沒有，你仇恨那些待你合情合理的人，甚至想反咬他們。但就如你所說，你的仇恨並非建立在特別原因上，或許，除了成為如同雅典的提蒙[3]那樣出名的厭世者這種不尋常又卑劣的企圖之外——那是一種本質可鄙的願望，而且在今天這種格外投入博愛的世道裡是不合時宜的。

艾：我不需回應你對那種企圖的評論，因為我說過，我無意從他人身上得到什麼。這對你來說不可思議嗎？你姑且至少承認，驅策我寫書的不是什麼野心，你這樣表示，還比較可能為我帶來責難而非榮耀。再說，我才不是痛恨人類，因為我甚至既不能、也不願痛恨那些冒犯我的人。當然了，我對仇恨完全陌生，這有助解釋我何以無法做出他人能做的事。但我改變不了這點，因為我總認為，每當有人觸犯或傷害他人，他是希望藉此得到一些快樂或好處。他的目標不在傷人（這永遠不會成為任何行為的動機，也不是任何思考的對象），而在圖利自己——這只是一種自然的慾望，不值得背負罵名。再者，每當我注意到鄰人的某些惡行或過失，我會仔細自我反省，假如條件許可，我會設身處地為他著想。這麼一想，我總一再發現自己會做出跟他一樣的事情，而且因為同樣的過失而犯下相同的罪孽。因此我心中不會再感受到先前那種不快。我保留憤怒，只為可能看到某些自己的天性不可能有的人性弱點的那天來到，只不過，我至今還沒見過這種事情發生。最後，人類事物盡屬虛無的念頭在我腦中盤繞不去，讓我無法對任何事情感到激動。對我而言，仇恨跟憤怒是強烈的激情，與生命的微不足道毫不相稱。於是你會發現，提蒙與我之間有著一道鴻溝。提蒙痛恨、而且迴避所有人，唯獨對阿西比亞德[4]例外；提蒙對他保留了所有感情，因為他看上阿西比亞德激起他們國家無數災厄的能力。相反的，我就算不恨阿西比亞德，也會格外迴避。我還會警告我的同胞，勸說他們採取必要的自保手段。有人說，提蒙恨的不是人，而是表面看似

///

3．雅典的提蒙（Timon of Athens），因其厭世態度而成為傳奇人物的一位雅典人。
4．阿西比亞德（Alcibiades, 450-404 BC），雅典政治家、演說家。

人的禽獸。至於我，我既不恨人，也不恨禽獸。

提：但你也不愛任何人。

艾：聽著，朋友。我為愛而生；我愛過，那深度或許就如人類靈魂可能感受到的最深刻激情。今日雖然如你所見，我還沒老到這種激情會自然消滅，甚至還不到冷感的年紀，但我不避諱承認，除了自己之外，我不愛任何人，這不過天性使然。然而我總寧願自己承受苦難，也不讓他人遭殃。由於你不太了解我的習性，我相信你將能為此作證。

提：我不否認。

艾：就算要我自掏腰包，我都試著想為人類謀取最大的善，這也是我自己尋求的唯一利益，亦即免於受苦的自由。

提：難道你這不是明白承認了自己不愛全人類？

艾：我絕對承認。但那就像是，如果一切全操之在我，我會懲罰那些罪有應得之人，卻不必恨他們，就跟我雖不愛我的族類，卻會極力嘉惠他們一樣。

提：好吧，你說了算。但如此一來，如果你不被自己所受的傷害刺激，也不是出於恨意或野心，你又為何要用這種方式寫作？

艾：有各種理由。首先，我無法忍受欺騙與虛偽。或許我偶爾會在談話中讓步，但寫作時絕不會；因為我常被迫言不由衷，但除非我開心，否則絕不動筆。我若無法寫出真正想法，就不能因為絞盡腦汁，再將結果訴諸文字而得到任何滿足。每個稍具常識的人都在嘲笑至今還在用拉丁文寫作的人，因為這語言已經沒有人講，也沒幾個人懂。我想，不論在交談或寫作上，把某種於今不復存在的人性，某種先前被視為神祇、如今則被談者與聽者視為不存在的理性存在視為理所當然，都是相當荒謬的。我能理解人戴上面具是為了欺騙他人，或是避免被認出，但這些人將自己掩藏在同一款面具之下、使用同一種偽裝，他們既沒騙到誰，又能完全認出彼此，此舉未免太幼稚。且讓他們擱下面具，只留蔽體衣物吧。反正效果一樣，如此還能輕鬆些。再說，這種不停的偽裝，這齣假裝這世上的一部分與自己毫無共通之處的戲碼，儘管毫無用處，卻也不可能一直演下去而不感疲乏或倦怠。人類如果是從野蠻境況突然過渡到今日的文明狀態，而非循序漸進，又會有人使用方才提過的那些從上千種哲學結論演繹而來的名詞嗎？老實說，這些措辭對我而言就跟古禮儀式一樣，與今日風俗毫不搭調，然而這種風俗卻又是靠著使用這兩者而存續。我自己不參加這些典禮就是了；我也用現代語言寫作，而非特洛伊時代的。再者，我在寫作中不常挑人類毛病，而更常為其宿命哀悼。我對於所有生物必然的不幸，思考得再透徹不過。如果這種不幸並非事實，那麼，我所有的論點就全是錯的，我們也就可以不再討論下去。假如是真的，我又為何不能公然自在地慟哭，說自己在受苦？無疑地，如果我只是不斷悲嘆，那我一定會成為他人與自己的麻煩，對任何人都沒好處（而這是驅使我這麼寫作的第三個理由）。但在嘲笑你我的不幸時，我們盡量緩解了不幸。因此我致力說服其他人由此獲益，就如我所做的一般。不管成功與否，我都確信這種嘲笑是唯一的慰藉與解方。詩人也說，絕望的唇邊總掛著微笑。

但你絕對不可認為我對人類的不幸缺乏同情。藝術、工業或其他東西療癒不了這種境況，因此我認為，以高尚的絕望嘲笑我們共有的苦難，會遠比一起嘆息、悲泣、呻吟，進而鼓勵他人慟哭，還更富人性且具操守。

最後，容我表示，我就跟你或其他人一樣，渴望全體人類的福祉，但我對達成此目標無望；也無法如同本世紀的其他哲學家，以對善的期待去滋養、緩解我的心靈。我的絕望是絕對、不變、根基於堅實的判斷與信念上的，以至於無法想像一個喜樂的未來，也無法帶著希望去進行任何事情、完成它。你也明白，人類一向不會試圖去進行他知道或認為絕無成功可能的事情；即使做了，也做得心虛。同樣，一個表達與自己實際觀點相左立場的作家，即使那種觀點實際是錯的，他也寫不出任何值得思量的文字。

提：但當他的判斷就跟你的一樣錯誤時，就應該改正。

艾：我的判斷只為我服務，而我確信，我不可能在聲稱自己不幸時出錯。其他人要是真的幸福，我發自內心恭喜他們。我也知道，唯有死能讓我脫離不幸。如果其他人比我更有希望，我再次恭喜。

提：我們都很不幸，而且一向如此。我不太認為你能為你的創見背書。但人類現在的處境比過去好得多，未來也會有長足進步。你不願承認或是忘了，人類是有可能臻至完善的。

艾：或許吧。但有此可能跟有此能力，何者比較重要，我不知道有誰能說服我。

提：人類要臻至完善只是還需要一點時間，最後無疑能達成目標。

艾：這點我不質疑。我同意你，這世界開始以來的這麼幾年時間，不足以讓我們完成教育。我們不能從就我們看來像是人類天性與能力的證據去判斷。再說，人類迄今為止還忙到沒空放棄臻至完善。但在未來，他們一切的努力就會朝向此一目標。

提：是的，整個文明世界熱切為此目標努力。而且，只要想想近來以驚人方式增加的技術，其大量與充足，我們有十足理由認為遲早能達到這個目標。這個信念絕非刺激進步的最枝微末節因素，因為它才創造出許多有益人類共同福祉的事業與勞動。要是如你那明瞭的絕望，以及倡議人類絕對必然的悲慘命運、生命的虛無、人類的無關緊要以及其天性的邪惡之學說所言，這種信念是致命、且應受責備的，那麼，你這種學說在今日才更致命、更該責備。這種行為只能奪走我們的勇氣，和做為誠實、有用、榮耀一生基石的自尊；這種行為也讓我們偏離了追求福祉的道路。

艾：那你行行好，說清楚，你認為我對人類不幸的說法到底是不是對的。

提：你又回到老問題了。好吧，假設我認為你說的對，那又如何？我要提醒你，只因那是真理而說教，並非永遠是好事。

艾：再回答我一個問題。這些我單單陳述、不帶說教姿態的真理，對哲學的重要性是首要的還是次等的？

提：就我看來，是一切哲學的根本。

艾：如此一來，它們在肯定人類的完備取決於完整認識真理之際，就是相當的自欺；人的不信就是無知與偏見的結果；而古今泰半哲學家教導的，都是人類唯有在發現真理，而且嘗試與其教誨活得一致時，才有活出幸福的可能。但你的立場卻是儘管承認這些真理是所有哲學的基石，卻應該要對多數人掩藏。你寧願它們不為人知或遭輕視，因為它們會對心靈造成有害影響。這不啻是承認應該要在地表上禁絕哲學。但我向你保證，真實而完美的哲學推導出的最終結論，就是最好廢除哲學。如此，首先哲學會看似相當膚淺，因為其結論不需哲學輔助就能得到；再者，哲學會看似有害，因為接受其結論太過痛苦，也就是就算接受了，也毫無用處；而人類也不能在辨明真理之後又對其無視。此外，哲思的習慣是最難戒除的。因此，一開始闡明希望作為人類不幸可能解方的哲學，最終只能徒勞地為理論本身尋求治療。現在我想問你，為什麼你會以為我們比先人更趨完善？是因為我們更了解真理嗎？這不可能，因為我們已看到這種知識對人類的幸福極端不利。不過，也許這是因為今天只有寥寥數人了解，最真的哲學家反而是棄絕哲學的人？但這麼一來，既然蠻荒時代的人完全不懂哲學，我們又是在哪一點上比他們優越？今天的野蠻人完全不需哲學，也未感一絲不便。

　所以我們在哪一點上比先人更進步？我們又擁有哪一種臻至完善的手段是他們沒有的？

提：我們有許多極具重要性的手段。解釋這些會曠日費時。

艾：那就暫時先別提，先重新思考我的理論。一方面，我說我在寫作當中表現出某些難被接受的苦澀真理，不管可能是自我寄託、或藉由嘲笑它們來療癒自己，我也在追尋這種冷漠而悲慘的真理之後感到悔恨，並勸阻他人追尋，而認識這種真理又讓我們陷入冷漠而偽善的狀態，或是靈魂卑鄙、道德腐敗、墮落。另一方面，我讚美這些高貴的——假如是虛假的——意念，它孕育出高尚的心靈、有力行動與思考，諸如人類全體或個別的福祉，我也高舉這些榮耀的幻象——就算徒勞——

它們帶給生命價值，對靈魂而言也是天生自然；簡言之，這些就是古典時代的迷信，與野蠻主義的謬見不同。後者應遭連根拔除，前者卻應得到尊敬。文明與哲學早已溢出自然邊界，也就有如人性固有的其他一切，不過是讓我們從一種野蠻狀態陷入另一種當中，並未比先前狀態要好。這種新的野蠻主義生自理性與科學，而非無知，對心靈的影響比對肉體顯著。然而我想，這些迷信對文明國家健全的必要性與日俱增，它們復甦的可能性卻與日俱減。

至於人類的完備，我保證，要是我察覺到任何一絲跡象，我一定會寫一本書對人類歌功頌德。但既然我到現在都沒看到如此跡象，日後似乎也不可能見到，我想還是在遺囑中留下一筆錢，以催生一篇獻給人類的年度讚歌，在其臻至完備的那一天公開朗誦，同時為慶祝這件大事而興建廟宇、雕像或紀念碑，看怎麼樣最好。

XVII.

哥白尼

Il Copernico

四景對話

第一景——最初的時辰與太陽

最初：日安，陛下。
太陽：謝謝；也祝你晚安。
最：馬車已經備妥了，陛下。
太：很好。
最：金星也升起一段時間了。
太：好。它要升要落就隨它高興吧。
最：陛下是什麼意思呢？

太：我要你們讓我自己靜一靜。

最：但是陛下，夜晚已持續太久，不能再持續下去了；而且，我們要是耽擱了，陛下，接著會發生很多麻煩事。

太：不管發生什麼，我都無意干涉。

最：噢，陛下！這是怎麼了？您玉體欠安嗎？

太：不，不；我沒事，我只是不想動。你可以去盡自己的職守了。

最：要是您不來，我該怎麼盡我的職守呢？我是白晝的第一個小時，要是您不願如平常那樣動身，白晝怎麼可能存在？

太：你若是不能當白晝的第一個小時，那就當黑夜的；最好就是讓黑夜的時辰做兩倍工作，你跟你的小夥伴們就能賦閑無事了。你要知道，我已經厭倦這樣不停繞圈，只為了給遠方那顆小泥球上的一種小動物打光。我眼力雖高強，但還看不到那顆小泥球。我決定不再讓自己在夜裡這麼勞心費神。人類要是需要光，就讓他們自己生火，隨便怎樣都好。

最：但是，陛下，那些小東西如何替自己打光？他們若是整天燒著油燈蠟燭，那會是一大筆花費。除非他們能找到某種廉價的氣體，照亮、溫暖他們的街道、房屋、商店、酒館和各處，才有可能不必活得那麼辛苦。但人類要發現這種氣體，還需約莫三百年；地球上的全部油、蠟、瀝青還有牲口脂肪在這期間會耗盡，屆時他們就沒別的東西可燒了。

太：那就讓他們去獵鬼火、抓那個叫做螢火蟲的閃亮玩意吧。

最：他們又該怎麼禦寒呢？要是沒有陛下協助，就算一把火燒盡所有的森林，也暖活不了他們。而且，他們還會死於饑饉，因為土地再也長不出果實。如此這般，這些可憐傢伙沒幾年就會亡族滅種。他們會開始往地底探勘，尋找食物與溫暖，直到耗罄一切可能資源，用盡最後一絲火光，最後全部凍成冰塊、死於黑暗，看起來就像長在地底的水晶。

太：那又與我何干？難道我是人類的保母？還是他們的廚子，得去打點他們的膳食？我又為何要關心這一小撮離我幾十萬哩、遠得看都看不到的小生命，在失去我的光線與溫度後是否還有充足照明、能否抵擋酷寒呢？再說，就算如你所言，我有義務扮演人類家族中的火爐，他們若要讓自己暖和身子，就得自己走向火爐，而不是火爐主動去繞著他們轉，這才合理對吧。所以，要是地球有求於我，那就讓它自己過來滿足需求。我對地球毫無所求，也就不必費心繞著它轉。

最：我若足以體察聖意，您這是說要地球從今而後都得親自來到您面前，完成您過去親自去他們那裡完成的公事。

太：正是。從今而後，直到未來。

最：是，陛下深知物事的最佳安排，也應從心所欲。不過，請陛下想想，這道新詔將會毀去多少美麗實用的事物。白晝將失去他拉風的鎏金馬車，還有沐浴海中的駿馬。在所有變革中，我們可憐的時辰必得遭殃；我們不再有天上的位置，還得紆降自己神子[1]的地位下到凡間；或者，恐怕我們更可能消散在稀薄空氣中。先不說這個，難的是如何說服地球自己繞圈，這項任務絕對艱鉅，因為它沒有這種習

／／／

1．古希臘神話中，時辰女神（Horae）為宙斯與同父異母胞姊，正義女神忒蜜斯（Themis）所生，本來只有對應地中海三季的三名，隨神話發展，白晝的九至十二小時，每小時都各有一位專司職掌的女神。

慣；有鑑於它迄今都寸步不離目前所在，讓地球不停地自轉公轉看起來會更突兀。如此一來，就算陛下現在開始想歇息，恐怕地球也難有意願離開現況，發憤圖強。

太：真要如此，那就得拿針戳它，逼它振作成該有的樣子。但最快速保險的作法，還是找一位詩人、或最好找一位哲學家，說服地球自己動起來；要是說服不了，那就強逼它。反正哲學家跟詩人平常就是在做這些勾當。我還年輕時對詩人相當尊敬，雖然他們反而諷刺身形巨碩魁梧的我，為了娛樂或鍛鍊，繞著一粒細沙發瘋似地一圈圈打轉。現在我老了，心思更嚮往哲學。我研究起如何區辨事物的實用性而非美感，如今詩歌在我看來若非荒謬，便是無趣。我也希望自己的所有行為都有實際理由。現在，我沒道理得勤奮生活而非懶散度日。因此我下定決心，將來就把疲倦跟不便留給他人，自己就在家不事勞動，圖個清靜。如此轉變有部分是因為我年事已高，但主要是受哲學家影響，畢竟他們是話語權與影響力水漲船高的一群人。所以，要讓地球代替我公轉，詩人基本上會比哲學家還管用：因為詩人習於誇大事實、美感與用途，為其賦予虛構的價值，也因為詩人高舉著千百種快樂的希望，所以能激發他人去做他們原本會極力避免的勞累粗活；哲學家只能讓人厭煩。不過，哲學家的權勢在現今如此當道，就算地球真的還願意傾聽詩人所言，我也懷疑他們還剩多少用處；所以，我們最好求助哲學家。事實上，哲學家通常不適合、也不願意激發他人展開行動；或許在這種極境中，他們也該開始跳脫習規。不過，地球還有一個替代方案：它當然能選擇推辭這麼辛苦的勞動；如此一來，地球也就毀滅了，但毀滅對它來說未必不是最好的下場。這個話題就先到此為止，我們姑且靜觀其變。現在，你或你的小夥伴最好立刻前往地球。如果你們發現哲學家當中有誰站在戶外、仰望天穹，疑惑這個綿延長夜因何而起，那不妨就挑他了。把他照顧好，背在你們肩上把他馱回這兒，明白了嗎？

最：是的，陛下。悉聽尊旨。

第二景—哥白尼在自家露台上踱步，焦急直盯著東方地平線。他手握一筒紙卷，不時舉起做為望遠鏡之用。

哥白尼：天有異象。要不是所有時鐘全出錯，不然就是太陽早在一小時前就該升起了。儘管空中清澈無雲，一如明鏡，東方此時卻連一絲晨曦都看不到。天上繁星閃爍，好似仍在午夜。我該趕緊查閱《天文學大成》[2]與薩克羅波斯科，[3]看看先人對此天象有何見解。我常聽說，過去也曾有此一夜，那是因為朱威與安菲特律翁[4]的妻子夜渡；我也記得不久前從一本現代西班牙著作當中讀到，秘魯人曾紀錄下一個極度漫長的夜晚，太陽最後才要從某座名喚的的喀喀的湖中升起。過去我都只視這些記載為傳說奇談，從未動搖過自身信念；現在我才驚覺，理性與科學竟是絕對無用，因此決定相信這些記載與其他類似事件的真實性。我準備出發去那座湖中四處遊船，看看能不能把太陽釣出來。

啊！我剛剛聽到了什麼？聽來好似某種巨鳥搧翅。

／／／

2．《天文學大成》（Almagest），托勒密於公元一四〇年前後所寫的數學與天文學專論。

3．薩克羅波斯科（Johannes de Sacrobosco，1195-1256）：著有《天球論》。

4．安菲特律翁（Amphitryon），希臘神話中的底比斯將軍。宙斯與其妻阿爾克墨涅（Alcmene）生下的兒子即是海克力士。

第三景──最後的時辰與哥白尼

最後：哥白尼，我是最後的時辰。

哥白尼：最後的時辰！唉呀，我想我恐是陽壽已盡。但我乞求您，如果可以，請准我在死前立好遺囑，整理遺物。

最：死！你在說什麼？我又不是你人生的最後一個時辰。

哥：喔……那麼，你是什麼？你可是修道院日課的最後一個時辰？

最：這應該是你站在唱詩台上最想聽到的答案。

哥：你怎麼知道我是個教士？又怎知我的名字？

最：我才剛向路人打聽過你的身家。事實上，我是一天的最後一個時辰。

哥：啊！我現在明白了。最初的時辰聖體有恙；所以白晝還不得見。

最：我有消息要讓你知道。往後除非你為自己打光，否則將來不會再有任何日光可見。
哥：難道你要我肩負起製造日光的重責大任？這消息還真是好啊！
最：我會再向你解釋怎麼做。不過，你得先立刻跟我去一趟我父太陽的宮殿。啟程後我會讓你了解更多細節。陛下在我們抵達後也會向你解釋來龍去脈。
哥：我相信這沒問題。但除非我搞錯，否則這段旅程應該相當漫長。我怎麼可能帶上足夠的食物，以免我在抵達太陽之前的幾年間餓死？再者，我也懷疑陛下的土地能否長出足以供應我的食物，哪怕只是一餐。
最：別瞎猜了。你不會在我父的宮中待上太久，這趟旅程也只有轉眼瞬間。你得知道，我可是個精靈。
哥：也許吧。但我乃一具凡身。
最：唉唷喂呀；你才不是一個會注意這種事情的形上學家。來吧，跨到我肩上，其他交給我即可。
哥：我加油……竟然到了，成功了！這怪事我一定要查個水落石出。

第四景—哥白尼與太陽

哥白尼：參見尊貴的陛下。

太陽：原諒我無法給你一張椅子坐，哥白尼，我們這裡不用椅子的。但我們很快就能把正事交待完畢。我的隨從已向你解釋過來龍去脈；從那個孩子回報聽來，我想你是替我們完成任務的不二人選。

哥：大人，這任務恐怕有極大困難。

太：困難不是像你這種人該畏懼的。聽說困難甚至只會讓勇敢者更加無懼。不過，你倒是讓我聽聽這些困難為何。

哥：首先，哲學雖然掌握了話語大權，但我質疑哲學說服不了地球改變它舒服的坐姿、起來不停活動；尤其這年頭早已不流行逞英雄了。

太：如果講理不成，你就得硬來。

哥：我很樂意——如果我是海克力士、甚至奧蘭多[5]的話；但我不過是個瓦爾米亞[6]來的小小修士。

太：那有什麼關係？你們不是有一個古代數學家[7]曾說，只要在世界之外給他一個立足空間，他就能移動天地？你現在又不是要去移動天穹。而且你看，你現在已經身處地外之境。所以，除非你沒有那個古人聰明，否則你絕對能移動地球，不論它願意與否。

哥：大人，那種事或許可行。但那還得要一根槓桿，而製作這種尺寸的槓桿，不是我、甚至也不是英明的聖上付得起一半工本費的。不過還有其他困難還更嚴重，容我娓娓道來。

／／／

5．奧蘭多（Orlando），中世紀查理曼大帝麾下的法蘭克人將領，亦即中世紀騎士傳奇《羅蘭之歌》的羅蘭（Roland）。

6．瓦爾米亞（Varmia），波蘭北部區域。

7．此指希臘化時代的數學家阿基米德（Archimedes, 287-212 BC）。

您也知道，地球長久以來占據著宇宙主位，亦即中心。地球動也不動，什麼也不做，只是看著其他大小明暗不等的天球，在四面八方以驚人規律與速度不停轉動。一切看似是在為它服務；宇宙看來就好似一座宮廷，正中央的地球坐在王位上，受眾星體環繞，如同前來朝覲的廷臣、護衛與僕從，各司其職。於是，地球總視自己為宇宙之王。也的確，它的治理迄今為止幾乎無可挑剔，因此我不認為您的計畫算是對既有規矩的改進。至於人類，我還有什麼好說的呢？我們自認（而且一向自認）與其他一切受造之物的關係，正對應於地球與全宇宙的關係，甚至有過之而無不及。在一切地上造物中，人類高居無上地位，就連衣衫襤褸、食如犬彘的乞丐，都以此自鳴得意。我們每個人都是帝王，我們的帝國就以宇宙為限，因為那其中已包含一切恆星、行星、可見與不可見之物。人類在自己的估量之中就是所有事物的最終目的；那一切事物甚至也包括您，聖上英明。

現在，假使我們將地球從正中主位趕下，叫它不斷繞圈，會有何結果？很簡單，它將如其他星球一般運作，降級成眾多行星當中的一顆。其中土的尊嚴繼而將蕩然無存，地球將從它的帝國寶座上遜位。人類也會失去其尊嚴，優越身分將遭拔除；他們將會跟著自己無足輕重的牢騷與悲慘，一同被晾在一旁。

太：尼可拉斯先生，簡單說，您此言是想證明什麼？你是擔心此舉有謀反叛亂之嫌，因而蒙受良心苛責嗎？

哥：不，不是這樣的，聖上。就我知識所及，查士丁尼法典（Codex）、羅馬法摘要（Digest）、公眾法、帝國法、國際法或自然法當中，都未以謀反罪提及此舉。我想表達的是，這種顛覆行星關係的行動，不只會更動自然秩序——因為這將改變事物之間的關係——最後也將波及所有現存的生物；這也必然會為形上科學和知識中關乎思辨玄想的一切掀起革命。結果，人類若是能夠、也願意批判地深入檢視生命的原因與目的，他們屆時會發現，人生的目標與本質將與境況大相逕庭，或起碼與他們現在所想像的截然不同。

太：我親愛的孩子呀，這些顧慮對我來說全都不痛不癢；我一點兒都不尊重形上學、物理學、甚至鍊金術、招魂術、或其他諸如此類的東西。再說，人類總有一天會滿意自己的新位置；他們要是不喜歡，可以爭論到滿意為止，最終無疑也會成功找出一個討自己歡心的說法來相信。他們還是可以為自己冠上勳爵、大公、帝王、或是其他封號來自欺。不過，他們若是不甘善罷，我得說老實話，那也不會讓我多不自在。

哥：好吧，那麼，我們先把人類與地球擱一邊。聖上，請您想想其他行星按照此理會有什麼作為。當其他行星看到地球遭到貶謫，與它們平起平坐，如同它們的一分子，那它們應該也會因為地球明顯優越的條件而生起嫉妒心。它們會不滿自己赤裸的無趣與傷心的孤獨，開始渴望擁有自己的河川、山稜、海洋、動植物與人；因為他們會認為自己所受的恩賜若有半點不如地球，是有失道理的。於是，宇宙間又將掀起另一場大革命：無窮無盡的新物種與人種將如蘑菇般從諸行星地底冒頭而出。

太：好，就讓它們冒，愈多愈好。我的光與熱將足以供養它們，毋需額外支出。全宇宙都將衣食無缺，毋需代價。

哥：但是，聖上英明，如果您再多想片刻，或許就能察覺另一個不良後果。這些曾與地球吃醋的星球，會回過頭來針對您。它們會注意到您精緻的王座、高貴的宮殿，以及數之不盡的衛星。於是它們也都想要一張王座。更甚之，他們還會想要如您一般，統轄低階行星，每一顆星球上當然還需地球一般的人類妝點。更不用提人類滋長的不幸。他們的微不足道將會更勝以往。人口將會在數百萬個新世界上爆發成長，就連銀河中最微小的星球上都會擁有自己的人種。現在您再看看，若單單論及您的利益，我保證，這是相當有害的。您在這宇宙之間若非第一，肯定也是第二——僅次於地球——沒有星球膽敢與您爭鋒。然而在新秩序下，您的敵手會是群星與它們各自的衛星加總起來那麼多。請聖上明察，以免損及您的威嚴。

太：你還記得凱撒在橫越阿爾卑斯、行經某個野蠻人小村落時說過的名言嗎？他說，他寧是這小村中的第一，也不當羅馬的第二。同樣道理，我寧是我世界裡的第一，也不當宇宙裡的第二。但你切莫認為就是這種野心才促使我亟欲改變現況；這純粹出於我性好閑靜——說得更直接就是，懶。所以我究竟是宇宙裡的第一還是最後，對我不過雞毛蒜皮：我不像西塞羅，我重視自在多過尊嚴。

哥：我也得費盡全身力氣才能達到這種自在，聖上。但是，假設聖上的努力能開花結果，我猜，中間還得花上很長一段時間。首先，我幾乎可斷定，在好多年過去之前，您還是得像個絞盤或輪軸不停自轉，雖然不必改變您的所在位置。然後，一段時間過後，您大概又想繞著某個東西公轉——像是地球。啊！算了，就這樣吧；若您堅持貫徹決意，那我將不計必須克服的巨大困難為您效勞。若我失敗，您只得歸咎我的無能，而非我的無意。

太：很好，我的哥白尼。盡你所能。

哥：然而還有一項阻礙。

太：所指為何？

哥：我恐怕會為了這份辛勞而被活活燒死。真要如此，我大概不可能像鳳凰一樣從灰燼中重生，從此不能再見聖上一面。

太：聽著，哥白尼。你要知道，在詩人還主導世界、哲學家尚未誕生的那時，我曾是先知。我現在將發表最後一道預言，你就對我上一份權柄的威能灌注信念吧。以下。追隨你並肯定你功勞的後人，將會受到火刑，或是其他種種死刑。但你將安然無事，也不會因為此事遭受任何折磨。為了確保你的人身安危，把你即將對此主題寫下的那本書[8]提獻給教宗。若你照辦，我保證你連神職都不會遭到拔除。

／／／

8．哥白尼實際上將他的著作《天體的變革》（*De revolutionibus orbium coelestium*）在死前數天才完成的印本，提獻給教宗保祿三世（Paul III）。此書闡釋的思想體系，在一六一六年保祿五世（Paul V）頒布諭令後就被宣告有罪。這個宣告直至一八二一年之前都是有效的，此後直到庇護七世（Pius VII）取消此諭令。此體系推測，太陽位居中央而不移動；地球與其餘的星球都以橢圓型軌道繞著太陽公轉。天穹與繁星應該是靜止不動的，而它們表面上每日的東升西沉，都歸因於地球由西至東的自轉。

XVIII.

曆本小販與過客的對話

Dialogo di un venditore d'almanacchi e di un passeggere

曆本小販：曆本！新年曆！新月曆！有誰想買新曆本？

過客：是新年度的曆本嗎？

曆：是的，先生。

過：你認為新年度會是快樂的一年嗎？

曆：保證是的，先生。

過：就跟去年一樣快樂嗎？

曆：還快樂得多呢。

過：有跟前年一樣嗎？

曆：快樂得更多了，先生。

過：為什麼？你難道不希望新的一年就像過去幾年一樣嗎？

曆：不，先生，我不希望。

過：你賣年曆到現在幾年了？
曆：大概二十年，先生。
過：你希望新年度會像是這二十年當中的哪一年？
曆：我不知道。
過：你不記得有哪個特定年份曾讓你格外快樂嗎？
曆：說實話，我不記得，先生。
過：然而生命又是一件好事，不是嗎？
曆：大家都這麼說。
過：你難道不想把這二十年、甚至是出生迄今度過的每一年重新再活一遍？
曆：啊，親愛的先生，但願上帝讓我能夠！
過：但要是你同時也得把此生經歷的喜樂與苦痛盡數再活過一遍呢？
曆：這我可就不想了。
過：那麼，你還想過誰的生活？我的、君王的、還是其他誰的？你難道不認為我、君王、還是其他人，都會做出跟你方才一模一樣的回答？你難道不認為沒有人願意重複一模一樣的人生嗎？

曆：我相信沒人願意。

過：那麼，如果沒有其他選項，你還會在這種條件下讓生命重來一次嗎？

曆：不，先生，我當然不會。

過：那麼，你又想要什麼樣的生命？

曆：像是上帝無條件賜予我的生命那樣。

過：漫無目的、事前毫無所知，就跟你不知道新年度會發生什麼事情一樣無知的生命？

曆：正是如此。

過：如果要我這輩子再重新活一次，我也會這麼希望，而且所有人也應該都會這麼希望。但這就證明了命運待我們都很苛刻。而且，如果沒有人希望在好壞比例不變的前提下，為了重新活過此生而再次出生，那麼大家顯然都認為自己經歷過的壞事遠多過好事。此生之所以是件好事，並非因為我們了解到它的好，而是因為我們對它一無所知；此生並非過去的積累，而是期待未來。新的年度一來，命運又將開始善待你我眾人，快樂的生命又將展開。難道不是嗎？

曆：但願如此。

過：就給我你最好的年曆吧。

曆：這就來，先生。一共是三十銀幣。

過：這裡是三十銀幣。

曆：感謝你，先生，祝您有美好的一天——曆本！新年曆！新月曆！

XIX

普羅提諾與波菲利歐的對話

Dialogo di Plotino e Porfirio

「一日，當我，波菲利歐[1]，忖度要自我了結，普羅提諾[2]料中了我的意圖。他打斷我說，健康的心靈不可能想得出這種計畫；這一定是源於黑膽汁失調，因此我必須換個環境生活。」（摘自波菲利歐《普羅提諾生平》）

尤納比烏斯[3]也在他所著的普羅提諾生平中，記述了同樣的故事。他補充道，普羅提諾在一本書中如是紀錄自己與波菲利歐就此主題的對話後續。

普羅提諾：你知道的，波菲利歐，我是你如此真誠的朋友，我若因你而不安，你大概不會太驚訝。我注意到你憂思重重已有一段時間；你的神色不太尋常，還說了一些讓我焦慮的話。我怕你是在盤算什麼邪惡的計謀。

波菲利歐：怎麼了！你在說什麼？

普：我想，你打算自殘；但直呼那種勾當的名諱就宛若惡兆當頭。聽我說，親愛的波菲利歐，千萬不要掩藏實情。不要讓我倆之間存在已久的友情生變。我知道我說的話會讓你不開心，我也諒解你寧願將自己的盤算對我保密。但我對此不能默不作聲，你也不該拒絕向一個愛你如愛己的人吐露實情。就讓我們冷靜地談談，斟酌你我的話語。對我開啟心房、傾訴你的煩惱，讓我聽取你的悲嘆。我值得你信任。我保證，若你我都同意這是最實際且理智的解決方法，我不會反對你將其付諸實踐。

波：我從來沒有回絕過你的請求，親愛的普羅提諾。我這就向你吐露那些寧可藏起來的話語；世界上沒有任何事物能讓我對其他人提起。你對我念頭的詮釋是對的。

／／／

1. 波菲利歐（Porphyrius, 234-305），曾是普羅提諾的學生，並且效法普羅提諾在羅馬興辦一所哲學學校。在研讀普羅提諾著作時，他陷入一陣對生命極度反感的狀態，並且離開羅馬，在西西里的一處野地獨居。他決定在此以絕食了斷自己生命。從羅馬一路跟來的普羅提諾發現了波菲利的意圖，開導後讓他打消了自盡的念頭。
2. 普羅提諾（Plotinus, 205-270），他在羅馬傳授哲學，並宮廷高度推崇。對他，尤納比烏斯如此形容，「他天人一般高尚的心智，晦澀難解的文字風格，使他令人倦怠又難討人歡心。」他禁慾、詆毀愛國主義、輕視物質享受。
3. 尤納比烏斯（Eunapius），四世紀希臘智辯家與歷史學家。

如果你想討論這個話題，雖然我不喜歡，卻也不會拒絕；心靈在這種時刻傾向受到至高的緘默包圍，在孤獨中沈思，並在心神融貫後棄絕自身。但我願意回應你的請求。

首先，我想說的是，這個念頭並非源自什麼特定的不幸事件，純粹出自我對生命的萬般倦怠，以及某種如疼痛般揮之不去的無聊所導致的後果。或許再加上世間萬物的虛無感席捲而來，將我淹沒。千萬別指責這種心靈的傾向有失理性，儘管我同意這種傾向有部分或許有其生理成因。這種傾向完全理性，而且因為理性而有別於人類其他傾向；因為所有與生命和人世價值相關的傾向，經過分析後都能驗證其違反理性，而是因虛妄幻想所生。沒有什麼比無聊還更具理性。[4] 愉悅全是不真實的。痛苦本身，或起碼是心靈上的痛苦，也同樣虛假，因為這種痛苦在經過檢驗後也幾乎、或根本缺乏實際基礎；恐懼或希望也能依此類推。唯有從事物虛無之中誕生的無聊才是千真萬確、毫無欺瞞。如果其他所有感受皆屬虛妄，那麼生命的實在就能以無聊歸結。

普：或許吧。我不會就此對你持反論。但我們現在得思考一下這種計畫的本質。你知道，柏拉圖不准人類藉由自殘而自由地逃離神明意志所安排的囚禁，就像逃跑的奴隸。

波：親愛的普羅提諾，我求求你先把柏拉圖的教條與幻夢擱到一邊。讚揚、闡釋與精通某個學派或典籍中的某個理論是一回事，但實踐卻是另一回事。學院的教導與立場強制我們欣賞並肯定柏拉圖，這在今日已成慣例。但在現實生活中，柏拉圖不僅完全不受人欣賞，甚至令人生厭。實際上，柏拉圖可說是靠來生的概念因而聲名遠播，因此讓人質疑自己原本對死後命運的信念；並且出於對來生懲罰的恐懼，致力在此生遠離邪惡，實踐良善企圖。如果我認為柏拉圖就是這些構想與信念的創始人，我會這樣告訴他：

「柏拉圖啊，你也看見了，統轄這個世界的力量如何敵視人類，不管它名喚自

／／／

4.「無聊是一種只有知識份子能體驗的狀態。越高尚的心靈，忍受的無聊就越恆常而駭人。無聊某些方面看來是最崇高的人類感受。」（里歐帕迪《沉思錄》lxvii；lxviii）

然、宿命或命運。世間許多道理都與設想人類位居造物之首的自娛念頭矛盾；但沒有任何道理可讓人免於荷馬歸屬予人的特徵——受苦。然而，自然同時也給了我們所有邪惡的解方。那就是死。智力不高的人對死稍懷畏懼，然而其他人都求死若渴。」

「然而你卻剝奪了我們生命中最可愛的慰藉，讓生命充斥如其本質所是的苦難。你激起的疑懼，從我們心中撕去如此寬慰，讓死成為最苦的念頭。多虧你，不幸的凡人現在不懼暴風，卻更怕港灣。人類從安棲之處被驅離，尋覓的唯一解方還遭奪去，於是屈於生命的磨難與苦惱。因此，你對我們比宿命、自然或命運更加殘忍。這種疑懼一旦進入腦海便永遠無法忘卻，你就是你的同胞視死亡比生命恐怖的原因。其他動物都在無有畏懼之中死去，人類的最後一刻卻永遠禁絕於安息寧靜之外。這都要怪罪於你。只差這件事，柏拉圖啊，成就人類全然的悲慘曾經只差這件事。」

「你誠然出自善意，但效果純屬失敗。暴力與不公並未受阻，因為行惡之人只在臨終前恐懼死亡，但那時它們已無力繼續為害。你升起的疑懼只困擾善人，其本性更易嘉惠同胞，而非傷害他人；也困擾軟弱膽怯者，其性情本就不易壓迫任何人。斗膽強壯的人、沒有想像力的人，需受法外力量約束的人，都視這般恐懼為妄想，而行惡不受阻撓。我們每日都能看見這種例子，從你的時代到今天的每個世紀都經驗過、且肯定這些例子。完善的法律，以及更重要的，完善的教育、精神與社會文化，這些才是維持正義與溫柔的要素。文明加上自省與理性讓人痛恨互相戰爭、破頭流血，並且不易與他人起爭執，或因不法勾當危及生活。但帶有威脅的幻想、痛苦的期待、駭人的懲戒，這些永遠無法成就良善後果；這些想法就如同某些國家的殘忍肉刑，只會加深人類的頑劣殘暴，因此也與社會的良善背道而馳。」

「然而，你或許會回答，你承諾了未來的善做為獎賞。但這種獎賞又是什麼？是比我們當前的存在還更難忍受，充斥無聊的生活！你所謂懲罰的苦頭一清二楚；但你所謂獎賞的甜頭卻隱晦難查，凡人心靈無法參透。如此一來，你的學說又怎能促使秩序與美德誕生？我大膽地說，只有極少數人因為畏懼你構思的駭人深淵而免於罪惡，但沒有任何好人會因為渴望你的淨土而展現懿行。這種天堂對人毫無吸引力。你無情的判官米諾斯、艾亞哥斯與拉達曼圖斯[5]就連最瑣碎的小奸小惡也不放過；誰能通過他們的審判？再說，誰能宣稱自己已達到你純粹的善良標準？總之，我們無法在來生尋找幸福；一個人的良心不管如何透徹，此生如何正直，他在人生最終時刻仍然會為了來世可怕的變故而心有惶恐。正是你的教誨才讓恐懼影響甚過希望，幾乎主宰了人類。」

「你的學說導致的後果，就是讓在塵世過著悲慘生活的人類，並非期待結束一切苦難那般地期待死亡，而是視之為某種更加窘迫境況的開端而畏懼死亡。因此，你的殘忍不只甚於自然與宿命，更超越那些惡名昭彰的無情暴君與嗜血殺手。」

「但你的律法禁止人主動自殘好讓折磨與煩惱終結，並從而戰勝死亡的恐懼——還有什麼比這更殘忍？其他動物不會想了結生命，因為牠們遠遠不如我們不幸，牠們的勇氣也不足以主動面對死亡；但牠們若想死，又有什麼能阻止牠們如願？他們不受任何禁制、不受未來的恐懼影響。你又再次讓我們比野獸不如。牠們擁有這種自由但不使用；自然賞賜我們此種自由——這是多麼卑微的禮物，你卻將其奪去。於是，唯一能渴望死亡、又有權利去死的生物卻拒絕了死。自然、宿命、命運以殘酷的打擊傾軋我們，讓我們滿懷畏懼地受苦；你又束縛我們手腳，讓我們無力自保，也無能逃離壓迫，加重了我們的苦難。」

「當我仔細思量人性的極度不幸時，柏拉圖啊，對我來說，你的學說尤其應受咎責，世人也該怨你，而非抱怨自然。自然賜予我們滿是不幸的存在，但留給我們自由逃離命運的餘地。當我們手中握有能任意提前結束這種不幸的能力時，這種不幸實在不算過度。此外，光是想到能任意棄絕生命，從世間的不幸當中解脫，就是對於不幸天命的莫大舒緩，讓我們的存在堪足忍受。於是，我們最主要的不幸，無疑源自畏懼提前結束生命之後可能墮入更惡劣的慘況。我們的慘況不僅將來會每況愈下，還充斥各種精密酷刑；此生已知的苦難與這些尚無人體驗過的刑罰相較之下，幾乎形同無物。」

「柏拉圖啊，你輕易提出關於永生不朽的問題；然而人類在這問題塵埃落定之

／／／

5．米諾斯（Minos）、艾亞哥斯（Aeacus）與拉達曼圖斯（Rhadamanthus），希臘神話中冥王黑帝斯的三個判官。

前就會滅絕。你的天才是折磨人性最致命之物，沒有其他事物的後果較之更具災難性。」

如果柏拉圖發明了我們正在討論的這種學說，那麼，如上這些就是我會跟他說的話；不過我深知這種學說並非他原創。不論如何，這話題也說夠了。你要是願意，我們不妨換個話題。

普：波菲利歐，你該知道我對柏拉圖多麼崇敬；但在這種時機與你交談，我只會以自己的意見回應你，而不訴諸柏拉圖的權威。我引用他的某些話語，毋寧只是作為引言，不為別的。回到我的第一個論點，我確信，不只柏拉圖或其他哲學家，就連自然本身也都教導我們，自取生命是不正當的。我不會為此費太多唇舌。只要你稍加反思，我相信你也會同意自殺是一種不自然的行為。自殺實為最最違背自然的行為。如果造物獲允自我摧毀，那麼事物的秩序都將遭顛覆。假設生命只是為了被持有者本身奪去而存在，而一切存在也只為成為不存在才降生於世，這是相當矛盾且荒謬的。自我存續是自然最嚴格的律法，這道律法以所有可能的形式交代給人類、以及宇宙間的所有生物。再說，我們難道不是出於本能、甚至不由自主地畏懼、憎惡、閃避死亡嗎？因此，由於自殺極度違背我們的天性，我無法認為自殺是被允許的。

波：我在這個主題上已深思熟慮過所有立場；沒有任何心靈不靠深思熟慮就能設想到這麼一步。對我來說，你的所有理由各個都能被反論駁倒。但我就長話短說。

你質疑不必要地去死是否受到允許。我就問你，不幸又是受到允許的嗎？如你所說，自然禁止自殺。奇怪的是，既然自然不能、也不願讓我幸福，或讓我免於不幸，她應該有能力強迫我去活。如果自然給了我們對生命的熱愛和對死亡的憎惡，她同樣也給了我們對幸福的熱愛，以及對苦痛的憎惡；後兩種本能往往強過前兩者，因為幸福才是我們所有行動與愛恨的終極目標。我們要不是為了增進福祉且畏懼不幸，那又是為了什麼才閃避死亡或渴求生命？

既然生命無可避免走上對人類開啟的唯一逃避苦難之道——死亡，那又怎麼可能有何不自然？自然禁止我投身死亡——死亡無疑是件好事；同時禁止我拒絕生命——既然生命不過是我苦痛的源頭，它無疑邪惡而有害；這道理又怎麼可能真切？

普：這些話無法說服我自殺是自然的。我們的本能豈非早已具備對死亡的強烈恐懼？再說，我們從未見過一成不變盲從於本能的野獸自殺（假使沒有被人類訓練出相反趨向），或者不將死亡視為必須與之搏鬥的境況；牠們就連在承受最極端的痛苦之際都不會如此。總之，所有採取這種絕望之舉的人，終究會證實自己的生活已失去與自然的和諧；相反地，順應自然而活的人，即使這種念頭開始煽動他們，他們理當也會毫無例外地拒絕自殺。

波：好吧，若你高興，我就承認這種行動有違自然。但假如人類本來就未與自然和諧一致，也就是不再處於野蠻階段，自然跟此舉又有何關聯？且將我們與印度或衣索比亞的住民相較，據說他們維持著原始風俗與野蠻習慣，你幾乎不會認為這些人與我們系出同種。在我看來，這種肇因於文明興起的生活轉型與風俗習慣變遷，正伴隨著難以計量增加的苦難。野蠻人向來不會希望了斷自我，他們的想像力也從未讓他們認為死亡是一件可欲之事；我們這些文明人卻能期待死亡降臨，偶爾甚至主動尋死。

至此，如果人被允許不自然地活著，而且因此活得不幸，他為何不能不自然地去死？死亡絕對是他能從文明導致的不幸中獲得解脫的唯一途徑。又或者，你我的生活為什麼不回歸原始境況與自然狀態呢？啊，我們只需考量外在環境，就知道這幾乎不可能；若考量更重要的心靈，則相當不可能。還有什麼比醫學更不自然？我是指手術與藥物，這兩者顯然是用來對抗自然，並且鮮為野獸與野蠻人所知。既然醫學治療的疾病是不自然的，而且僅見於人類已墮離自然境況的文明國家，同時醫療技術也是不自然的，可是卻又受到高度敬重、甚至被尊奉為不可或缺。同樣地，自殺作為絕望這種重症、這種文明產物的根本解方，也不能因為其不自然而遭責難；不自然的病就需要不自然的藥。理性逼迫我們背離本性而增添苦難，在此還要與自然聯手奪去我們僅存的希望與安身棲所、唯一邏輯自恰的手段，強迫我們繼續在苦難當中苟活。這實在太苛刻、太不義了。

事實是這樣的，普羅提諾，我們的原始天性已經永遠離我們而去。習慣與理性賦予我們全新的本性，取代了永遠無法回歸的舊有本性。自殺或求死在過去都是不自然的行為，時至今日卻全是自然的——這兩者都合乎我們的新本性，即便這種新本性就如同舊的，全都是在阻止我們追求幸福。既然死亡是我們最大的善，人會主動求死，難道有什麼值得一提？理性告訴我們死亡並非惡，而死亡作為惡的解藥，更是最值得欲求的事物。

現在，請告訴我，文明人類的所有其他行動也受原始本性的標準支配嗎？若如此，那請給我一個釋例——不，夠解釋我們一切行動的，是我們當下的本性，而非原始的本性。那為何只有自殺必須被不合理地依照原始本性的標準評斷？為什麼原始本性雖不再對我們的生命有任何影響，卻仍控制著死亡？為什麼支配你我生命的不是支配死亡的同一種理性？事實上，不論是出於理性或人類的不幸，許多人、尤其是命運乖舛、飽受折磨的那些人，心中對死亡的恨意早已滅盡，甚至轉化為渴望與愛慕，就如我先前所說。這種愛雖然與我們早前的本性互相對立，卻是今日的現實。我們也因為活得不自然而必然活得不幸。若宣稱原始狀態中對於自殺的禁制在今日依然有效，顯然不合理。對我來說，這就足以為這種行為做出辯護。這種行為的有效與否則留待證明。

普：不要在意這個問題的那種面向，我親愛的波菲利歐，這種行為若是被准許，我並不質疑其最終效益。但我永遠不會承認一種被禁止且不正當的行動是有效的。這個問題其實該這麼分析：受苦或不去受苦，孰重孰輕？多數人肯定都傾向選擇摻雜著享受的痛苦，而非同時放棄兩者，如此一來，我們才會熱切渴望喜樂。但這就離題了，因為享受與喜悅，恰當說來都是不可能的，同時痛苦則是無可必免；我指的是，追求愉悅與幸福的欲望永無可能滿足它招致的無終痛苦，這與最幸福的人都必然遭遇的那種罕見偶然痛苦截然不同。事實上，我們能斷定，只要繼續活著，就是繼續受苦，因此也就有充分理由對死亡、而非生命心生嚮往；因為就算有此可能，存在也不帶絲毫真實的愉悅可補償這種痛苦。

波：對我來說，單單是無聊本身，外加不能期待存有境況會有所改善的事實，就已是引發求死欲的充足理由，無從辯駁——就算我們的境況已堪稱豐足。我時常訝異，出於無聊或厭倦權勢而自殺的王公貴胄，與其他低等人物不同，竟未留下紀錄傳世。我們都讀過昔蘭尼的赫格西亞（Hegesias, the Cyrenaic）如何就生命的悲慘雄辯滔滔，讓聽眾當場離席自殺；他因此被稱為「勸死家」，托勒密（Prolemy, 100-160）最後還禁止他就這個主題繼續申論下去。但某些王公貴胄的確自殺了，諸如密特里達提斯（Mithridates VI of Pontus, 120-63 BC）、克麗奧佩脫拉（Cleopatra VII, 69-30 BC）與奧托（Otho, 32-69）。

然而這些人自我了結，是為了逃避某些特定的災厄，或出自對不祥之事滋長的擔憂。我想像中的王公貴冑，比其他等次之人更容易對自己的境況生起恨意，並把自殺想得太過美好。他們難道還沒攻克所謂人類幸福的頂點嗎？他們沒有其他好期待的了，因為他們早已坐擁構成所謂生命中美善的一切。

他們不能指望明天將要到手的愉悅還能勝過今日所享。於是，他們身陷的處境比所有地位低下的人還更不幸。當下總是悲傷而無法滿足，只有未來才是愉悅的泉源。

即便如此，我們還是能知道，沒有任何事物能阻止人主動了結生命，迎向死亡——唯獨對彼世的恐懼例外。其他理由顯然理據不足，它們都在衡量存在的善惡時做出錯誤估算；時時對生命抱持強烈依附感、或是活得心滿意足的任何人，都會在判斷、目的、或甚至是事實依據上做出誤判。

普：千真萬確，親愛的波菲利歐。不過，且讓我建議、而非哀求你，去傾聽自然的忠告，而非理性的建言。跟隨原始的自然本性賜予我們的本能，自然是所有人的母親，雖然她為了不幸而造出你我，對我們顯然毫無感情，但她與人類理性帶來的侷限、好奇、臆測、喋喋不休、幻夢、意念還有慘痛教訓相較之下，還不算是那麼嚴厲殘酷的敵手。此外，自然已藉由盡量將不幸對我們隱瞞、或是將其偽裝，以減少我們的不幸。

儘管人類歷經大幅改變，內在的自然力量也減弱許多，但改變的幅度還是不夠大，因而仍保有此前的人性，原始天性也尚未在我們心中斷絕。不管現在人性如何瘋狂，這件事不可能說錯。你提到的錯誤生活觀也是如此，雖然我認為那其實具有明顯謬誤，但這種說法會繼續流行。它不只能得到白痴與半吊子的支持，還會得到聰明人、智者以及飽學之士的支持，而且永遠如此，除非親手造化我們的自然——既非人類，也非其理性——決定終結人類。我也保證，對生命的厭惡、絕望、認為事物無有意義、一切令人焦慮的虛無、人類的微不足道、對全世界的憎恨，沒有一種感覺能經久不退；這些心靈傾向既完美合乎理性，卻也相反地違背理性。吾人的肉身條件隨時都在改變，或多或少；生命時常無需什麼特定理由，就會突然重新眷顧我們，新希望又將為生活帶來光明，這些生活事物又能再度好似值得我們投入專注，不見得是出於理解，而是出於某種或可算是更高層次的智性感受。這就是為何我們就算完全察覺生命的真相，還是會不顧理性地繼續求生，與他人的行為一致；因為生命服從於這些高等感覺，而非理解。

不論自殺是否合乎理性，或我們對生命的妥協是否不合乎理性，自殺肯定都是駭人且不人道的舉動。我們最好遵循天道、保持人性，而非成為一頭受理性驅使的怪獸。再說，我們難道不該顧及朋友、近親、遠交、與我們一起生活、以及我們必須從此訣別的人嗎？就算這種訣別對我們自己而言無關緊要，難道你我不該想想這些人的感受？他們失去自己親愛敬重的人；那人赴死的殘酷又再度加深他們的傷悲。我知道智者不會輕易動搖信念，也不會輕易向令人難安的哀憐與悲慟低頭；他不會自貶為凡夫俗子，毫無分寸地落淚，也不會從事會讓其他洞悉人類境況者感到不值的舉動。但在自然發生或無可避免的哀慟情境中，應該收斂起這種靈魂的堅強；若用這種堅強讓社會、讓親近之人的對話把我們自己奪去，就是暴濫。若不考慮朋友、近親與遠交感受到的悲慟，一個人不過是野蠻人而非智者。不掛心自己的死可能會對親友帶來悲慟，這則是自私；他幾乎不在意他人，完全關注自身，而實際上，自殺者顧及的不過是自己。他渴求的只是一己福祉，而將世界其他角落拋諸腦後。簡而言之，自殺這種行動，是出於最無條件而卑鄙的自我中心思考，絕對也是世上現存的自我關愛方法中最不值得一顧的型式。

最後，我親愛的波菲利歐，生命中的災難禍害儘管眾多又無可避免，但你並未經受悲哀劫數或身體殘缺，你的狀況終究還是容易承擔的，尤其你又是一個睿智堅強之人。也當然，生命本身如此不值一提，人根本就不該困於應該保全生命抑或放棄生命之間；而在尚未設想周全時，我們應該捨棄後到的直覺，保留先來的直覺。

如果一位摯友都這樣懇求你了，你為何還不答應他？

現在我衷心懇求你，親愛的波菲利歐，念在我們長久的友誼份上，拋棄這個念頭。不要讓以溫情關懷你的朋友難過，也不要讓你的普羅提諾哀傷，他在世上沒有其他更親近真摯的朋友了。幫我們一起提起生命的重擔，而非不顧一切離開我們。親愛的波菲利歐，讓我們活下去，相互安慰。讓我們彼此依靠，互相鼓舞，讓彼此茁壯，好足以應付生命的紛擾。我們相聚的時間終究短暫；當死亡來臨，我們將無有怨言。在最後時刻，友伴將安慰我們，我們也會明白死後依然能長存於他們的記憶、繼續深受他們喜愛，終究因此感到喜悅。

XX.
崔斯坦諾與朋友的對話
Dialogo di Tristano e di un amico

崔斯坦諾：是的，一如既往。

朋友：憂鬱、不滿、絕望。你顯然相當鄙視生命。

崔：我還能有什麼藉口？當時我對自己這種生命不幸的理論深信不疑。

朋：就算真的不幸，但到頭來難道沒什麼好事會……

崔：不、不；相反地，生命相當幸福。我現在已經改觀了。但當我寫這本書時，滿腦子全是方才跟你說的那種邪說妄見。這種邪說妄見那時教我為之傾倒，讓我無法指望自己能質疑所有我就這個主題所寫的言論的真實性。我以為，每位讀者的良心都能為我所陳述的真實性做出明確見證。我認為，針對這些文字，或許會有對於其用處或危害的不同評論意見，但不可能有人質疑其真實性。我也相信，既然我的悲嘆是出自眾人共有的不幸，應該多少會在聞者心中引發反響。

但我後來被迫否定自己的立場——不只是某些特定見解而已，而是整本著作；

而且我被迫宣稱人生並沒那麼不幸——生命若是對我而言真有任何不幸，那也一定是受疾病影響，或是因為只有我遭遇到某些災難。我一開始震驚不已、呆若木雞，接連數日都像神遊太虛般失魂落魄。而後我回過神來，對自己略感惱羞；最後我竟笑著對自己說，全人類都有一種類似已婚男子的性格。已婚男子若希望生活過得寧靜，就得相信妻子忠貞，即便全世界有半數的人都知道那妻子偷腥。類似的道理，當一個人想定居某地，就得說服自己會視之為世上最好的寶地，之後他竟也確實信了。基於同樣理由，渴望生命的人，都同意視生命為美好、珍貴，他們之後的確也就這麼相信下去，並氣憤有人竟持反論。於是，人總在現實生活中相信對自己最有利、或看似有利的觀點，而非相信真相。人類過去已深信這類謬誤，未來也將繼續下去，永遠不會承認自己的無知、無謂與無望。傳授這三種學說的哲學家無人能成功，也不可能受人追隨，尤其更會受大眾斥絕。對任何想活下去的人而言，這三種學說絲毫不具丁點兒的推薦價值：前兩者侵犯人自尊，而三者皆要求人懷抱勇氣與力量去接受。現在，人類因為心靈既無知又狹隘，無一不懦弱，也因為總是根據生活所需而修改善的概念，因此永遠都在期待善的到來。他們就如佩托拉克所言，樂於向命運投降；[1] 急切、堅決地在任何不幸來臨時尋求慰藉；對任何對於自己遭否定或失損事物的補償都樂於接受；不論面對多麼邪惡野蠻的生存條件，也都樂於自我調適。當他們終於失去所有可欲之物，就改以幻覺餵養自我，反正也能從中獲得許多滿足，好似如此幻覺是世上最純粹、最真實之物。至於我，我忍不住嘲笑那些熱愛生命的人，就像南歐人嘲笑深愛著不忠妻子的丈夫。我認為人類對生命展現的勇氣太少，使得自己就像傻子一樣受騙上當；他們不僅滿足於承受最大的苦難，也樂意成為受自然與宿命操弄的傀儡——我指的是來自智識的欺騙，而非想像的虛假。我不知道我的感受是否因我的疾病而起，但我知道的是，不論我健全或患病，都會踐踏人類的懦弱，拒絕每一句幼稚虛假的安慰，並且鼓足勇氣，承擔內心盡失希望，堅定望向生命的荒蕪，對生命的不幸毫不遮掩，接受一種哀傷卻真實的哲學所招致的一切後果。這種哲學就算沒有別的用途，最起碼也能讓勇敢的人在扯落掩蓋人類宿命深邃神祕之殘酷的那層幌子後，得到驕傲的滿足感。

這些自言自語聽起來讓我就像這種憤世嫉俗哲學的宗師，大眾視之為前所未聞的論調，因而反對如此哲學。但經過沉思後，我發現這種哲學可回溯到所羅門王、荷馬、以及絕大多數遠古詩人與哲學家的時代；他們在著作傳述之間表達出人類生命的不幸。有人說，「人類是最可悲的動物。」另有人說，「最好就是別出生，要不一出生最好就死在搖籃中。」又有人說，「得神眷顧者早夭。」類似錦句大有所在。我也記得從那時代起、甚至直到現在，所有大大小小的詩人、哲學家與作家，都反覆以某種方式確認著同樣的學說。

於是我又重新細想一回，在驚訝、輕蔑與失笑的心境中度過漫長時間。最後，我回頭深入細研那些材料，得以結論道：人類的不幸是一種心靈與生具備的缺陷；而藉由論證生命的幸福來駁斥這個觀念，則是十九世紀最偉大的一項發現。於是，如今我心祥和寧靜，而且承認自己過去所持的觀點大錯特錯。

／／／

1. 佩托拉克第三三一號短歌〈我嘗離生命之源遠遊〉（Solea da la fontana di mia vita）：「而今，哀哉，我舉手投降、卸下裝甲／上繳乖舛暴烈我命。」（Or, lasso, alzo la mano e l'arme rendo / a l'empia e violenta mia fortuna.）

朋：你就這麼改觀了嗎？

崔：當然。你以為我會跟整個十九世紀的大發現作對嗎？

朋：你相信本世紀所相信的每一件事嗎？

崔：當然，怎麼不相信。

朋：你也就因此相信人類的盡善盡美，不是嗎？

崔：毫無疑問。

朋：你也相信人類每天確實都在進步？

崔：當然。說真的，有時我在想，一個古代人在體格上可抵過四個現代人。身體就是人類；其他的先姑且不論，因為高尚、勇氣、情感、行動與享樂的能耐、以及其他能讓生命高貴、鮮活的一切，都有賴於身體的精力，沒有精力，這些全都無法存在。體質軟弱者稱不上是一個人，就只是個孩子，甚至比孩子不如，因為他注定只能旁觀他人生活，他能做的就只剩長舌。生命不是給他享用的。所以在古代、甚至是又稍為開化的時代，體格軟弱都被視為可恥。

但在我們的時代，教育長久以來都亟力讓人以為身體如此下賤，教育唯一關懷的是心靈。然而它在培育心靈的同時，卻也摧毀了身體，未曾注意心靈必然也會連同身體遭到摧毀。就算教育系統中的過失有矯正的可能，也無法在不對現代社會進行激進變革的前提下，找出任何矯正公眾或私人生活麻煩的解方。

過去用來保護、精進身體的教育，如今似乎正共謀摧毀身體。結果，與古人相較之下，我們連孩子都不如，他們跟我們比起來或許才堪稱完美——我同時比較個人對個人，以及大眾（這個深意悠遠的現代術語）對大眾。

我還要補充，古人優越的體能也展現在他們的道德與形上學系統當中。

但我不會放任自己受這種瑣碎的反駁影響。我堅信人類處在持續進步狀態當中。

朋：如果我理解正確，你應該也相信知識或所謂的啟蒙也是不斷擴增的。

崔：當然了。雖然我觀察到，對知識的欲望增加多少，對學問的賞識也就會相對降低多少。而且，說來驚訝，如果你計算一百五十年前、或更晚近的博學之士人數，你會發現，這數字與現在相較是無比地多。今日之所以如此罕見博學之士，或許可說是因為知識擴散更普及，而非侷限於少數人腦海中；而受教育的人數之多，也就彌補了博學之士的人數之少。但知識不像財富，不論如何分配或集中，總額總是一致；一地的每個人所知各自不多，則該地知識總和必然渺小；因為一種知識只能產自另一種知識，不會無故開枝散葉。膚淺的教育當然無法分配給太多人，雖然對於許多不學無術的人而言，教育可能已經相當普及。真正的知識只屬於有學問的人，而知識的深度專屬於少數學問確實廣博的人。毫無例外地，只有學問廣博又具備深厚底蘊的人，才有辦法為人類知識的總和再添實際貢獻。要在當代發現一位真正有學問的人日益困難，或許唯獨德國除外——學問在當地尚未遭到罷黜。

我道出這些想法，只是為了找些話題做點玄想，不是因為我質疑你所言當中有任何不實。當然啦，如果我曾經見到的這個世界，既充滿無知的冒牌貨，又到處可見跛扈的蠢材，那我更應該堅守此刻信念，相信知識與啟蒙正在擴增。

朋：那麼，你也當然相信這個世紀比過去每個世紀都優秀吧？

崔：絕對如此。每個世紀都對自己存此論調，就連最野蠻的古代亦然。現在這個世紀如此作想，我都欣然同意。但你若問我，這個世紀是在哪方面比過去優秀，究竟是牽涉了身體還是心靈，我就得請你參考我方才就進步這個主題說過的話了。

朋：簡單來說，以兩個字總結，你同意報上關於自然與人類宿命的內容嗎？我們不是在討論文學或政治，畢竟這兩項學科對這些主題的見解無從置喙。

崔：正是如此。我謹向報紙深刻的哲學獻上一鞠躬，報紙到頭來將會取代所有文學分支和所有嚴厲苛刻的學問。報紙就是當前時代的引路明燈，難道不是嗎？

朋：確實如此。如果你此言不是在明嘲暗諷，你就已是我們的一份子。

崔：是的。我確實就是你們的一份子呢。

朋：那麼你要拿你的書怎麼辦？你還允許它流傳後世，散播與你此刻立場相悖的學說嗎？

崔：流傳後世？請容我笑一下，你這一定是在說笑；如果我猜錯了，那我應該多笑兩下。這與我個人無關，而是關乎十九世紀每個個別的人事物；這些人事物根本不怕後人評斷，因為後人懂的不會比他們的老祖宗還多。「個人在群體中黯然失色，」一如我們的現代思想家優雅地指出；這意思是說，個人毋須再庸人自擾，因為不論他實力如何，他既無法在現實中盼望榮耀作為微薄回報，就連在夢中都不行。就讓大眾玩他們自己的吧；雖然我想問問現在照亮這世界的諸位意見領袖，請他們解釋一下，若無組成大眾的個體效勞，大眾如何成就任何事。

但就說回我的書還有後世吧。普遍而言，現在要讀完一本書可比寫完一本書還花時間。書的價值與其付出成正比，經久程度又與價值成正比。我認為二十世紀會將十九世紀浩瀚的文獻進行肅清。他們也許會肅清成果，說什麼：「我們現在有滿滿一座圖書館的書，這些書可能花費二、三十年的心血，可能不到，但每本都需要一番苦工；先讓我們讀完這些可從中受益良多的書。讀完這些我們就接著讀輕文學。」

我的朋友啊，這是個幼稚的年代，僅存的少數成人還不得不出於羞恥而隱藏自己，就像在殘障國度中的健全人。本世紀的好青年們都渴望闖出一番自己的祖宗成就過的事業。這些好青年就像兒童，尚未付出任何辛苦的準備，一時興起就想行動。他們希望時代的進步能讓自己與後人在獲取知識的過程中，免於各種累人的治學與實踐。舉例來說吧，我的某個商人朋友某日告訴我，現在就連平庸都顯得稀有，幾乎沒有人能再勝任任何受人交託或自己選擇的任務。對我來說，這似乎已顯示本世紀與過往世紀的真正差別：不論哪個年代，偉大皆屬罕見；但在早前世紀，平庸尚屬盛行，但我們的世紀連平庸都已絕跡。所有人都希望自己就是一切，於是混亂暴動四起，無人關注僅存於世、但無力從大量敵手中殺出重圍的寥寥幾位偉人。就連最低等的人都相信自己成就斐然時，藉藉無名與一事無成就成了高等人與低等人的共同命運。

反正……統計學萬歲！科學、經濟學、道德哲學與政治學萬歲！口袋百科全書萬歲！萬事萬物的說明書萬歲！這個時代其他所有美好的創造萬歲！願十九世紀千秋萬世！儘管成果貧瘠，然而願景富麗堂皇，這是眾所皆知的最好兆頭。且讓我們自我安慰，這個可愛的世紀還有六十六年能自說自話、自圓其說。

朋：你這聽來有點冷嘲熱諷啊。但你起碼應該記得，這是一個過渡性的世紀。

崔：你想表達什麼？每個世紀多少都可算是過渡性的世紀，因為人類社會從未靜止不變，也永遠不可能在哪個時刻就達成固定狀態。於是「過渡性」這個美妙的詞彙，要麼無法為十九世紀開脫，要麼就是每個世紀的共同特質。剩下就要看看這種進展中的過渡，究竟是從好變得更好，還是從糟變得更糟。

也許你要說的是，十九世紀是一個格外具有過渡性的時代，因為它迅速從一種文明狀態過渡到另一種截然不同的文明狀態。若這樣，我會請你讓我嘲笑這種迅速。每一個過渡期都須要一定時間，當過渡太快完成，勢必會重新復發，進步就得從起點再走一遍。過去往往如此。自然不是跳著前進的，而當自然被迫跳著前進，任何成果都只會曇花一現。簡單來說，倉促的過渡只是表面上的過渡，並不代表真正的進步。

朋：我建議你別再用這種方式對別人說話了。要是再這樣下去，你會四處樹敵。

崔：那又如何？從今以後，敵人和朋友都對我造成不了太大傷害。

朋：你很可能會遭人貶抑為無法理解現代哲學精神的人，而且不關心文明與科學的進步。

崔：對此我還真是非常抱歉；但又能如何？如果我受人鄙視，我會努力安慰自己。

朋：但你的立場究竟是變了還是沒有？而且你的書日後要怎麼辦？

崔：最好就燒掉。如果書沒被燒掉，或許能做為一本富含詩意的幻夢、創見與憂鬱隨想的書而獲保存；最好是被當成是一位不幸作家的個人抒發。讓我偷偷告訴你，我親愛的朋友，我相信你和其他人都能得到幸福。至於我自己，就算你和這整個世紀都准許我得到幸福，我依然相當不幸，就連整整兩個世界的每份報紙都無法讓我改觀。

朋：我不知道你說的那種不幸究竟源自何處。但最有資格評論自己幸或不幸的人正是自己，那見解不可能出錯。

崔：完全實在。再來，我坦白告訴你，我不向自己的不幸屈服，我不會向它磕頭，也不會像其他人一樣與宿命妥協。我殷切盼望死亡勝過一切，如此熱烈而真摯，因為我深信沒有幾個人如此渴望死亡。

我不確定那一刻一旦來臨，我會不會違背自己所言，因此也就不再跟你說下去了。或許我還想補充的是，儘管尚未預見生命的終點，但已有一種內在預感教我肯定那一刻已在不遠處了。對於採收生命的死神來說，我已是過熟的果實，況且一個精神已死的人如我，生命故事的每個細節也算全講完了；若還得流連世間、再忍受自然威脅四、五十年，是一件太荒謬而不太可能的事。光想到這些就讓我惴慄難安。但就像所有超乎想像的災厄，繼續活著對我而言就如夢幻泡影，毫不真實，以至於若有人對我訴說長遠計畫，好像我在未來還能軋上一角，我就忍不住自顧自地微笑——我那麼篤定自己不會長命啊。我得說，支持我活下去的，唯有這個念頭。我常驚訝自己竟然曾深愛過的書本與研究、偉大的計畫、對榮耀與不朽的盼望，如今甚至連一個微笑都不值得。我現在也不再嘲笑這個世紀的計畫與希望。我衷心希望它們能成功，然後我讚美、欣賞、並誠摯地榮耀他們的良善意圖。可是我一點都不嫉妒後世，不嫉妒那些在誕生前還有很長一段人生要過的現代人。我以前還會嫉妒傻子、蠢材、和自視過高者，還一度願意把自己的天命跟他們隨便哪個人交換。但我現在既不嫉妒傻子，也不嫉妒智者、大人物、小人物、弱者或是強者。我嫉妒死人，我只想跟死人交換我的天命。在我孤獨時，來到我腦海陪我打發時間的每一場愉悅幻想、每一道未來想望，都與死亡的念頭聯袂出現，密不可分。在這種渴望當中，回憶起少時夢想、或是想起此生徒勞，都不再像過往那樣困擾我。當死亡翩然到來，我將平靜滿足地死去，有如那就是我在這世上一向盼望的唯一事物。這是讓我與宿命和解的唯一福報。

假如，一邊提供我凱撒與亞歷山大大帝的財富與名聲，而且免於他們最後的人生污點；而另一邊要我今天就死——我會選擇今天就死，毫不遲疑。

時尚與死亡的對話

Dialogo della Moda e della Morte

義大利傳奇思想家 里歐帕迪的厭世奇想對話集

作者／賈柯莫・里歐帕迪 (Giacomo Leopardi)
譯者／王凌緯

總編輯／富 察
主編／林家任
企劃／蔡慧華
排版／宸遠彩藝
封面設計／井十二設計研究室

社長／郭重興
發行人／曾大福

出版發行／八旗文化 / 遠足文化事業股份有限公司
地址／新北市新店區民權路 108-2 號 9 樓
電話／(02) 2218 1417
傳真／(02) 8667 1065
客服專線／0800 221 029
信箱／gusa0601@gmail.com

法律顧問／華洋法律事務所 蘇文生律師
印刷／通南彩色印刷股份有限公司
出版日期／2019 年 3 月 初版一刷
定價／新台幣 340 元

國家圖書館出版品預行編目(CIP)資料

時尚與死亡的對話：義大利傳奇思想家里歐帕迪的厭世奇想對話集 / 賈柯莫．里歐帕迪(Giacomo Leopardi)著；王凌緯 譯. -- 初版. -- 新北市：八旗文化出版：遠足文化發行，2019.03
256 面；13X21 公分
譯自：Dialogo della moda e della morte
ISBN 978-957-8654-50-1(平裝)

1. 哲學
2. 文集

107
108001069